Olvido de la pintura

Arte en España (1970-1990)

Cuadernos Arte Cátedra

Julián Díaz Sánchez

Olvido de la pintura
Arte en España (1970-1990)

CÁTEDRA
CUADERNOS ARTE

1.ª edición: abril de 2025

Diseño de cubierta: Germán Úcar

PAPEL DE FIBRA
CERTIFICADA

© Julián Díaz Sánchez, 2025
© Ediciones Cátedra (Grupo Anaya, S. A.), 2025
Valentín Beato, 21. 28037 Madrid
Depósito legal: M. 249-2025
I.S.B.N.: 978-84-376-4889-7
Printed in Spain

A Pablo y Ana,
como siempre

Introducción*

«Es difícil encontrar, en la historia reciente del arte europeo, una cuestión tan suculenta como el auge, mitología y fracaso de la pintura española desde mediados de los años setenta hasta principios de los noventa» (Marzo y Mayayo, 2015: 458): siendo consciente de la dificultad de resolver tan apasionante enigma, creo que algo puede aclararse analizando los (auto)relatos que los protagonistas de las diferentes opciones pictóricas en la escena

* Este trabajo se vincula al proyecto de investigación *Puentes creativos. Desplazamientos, retornos, disidencias y adhesiones en el arte español contemporáneo.* MICIU/AEI, Ref: PID2022-138643NB-100.

española de los años setenta y primeros ochenta pusieron en circulación. Nuestra indagación se refiere sobre todo a la denominada «Nueva Figuración Madrileña» y, en menor medida, al grupo Trama; los dos grupos tuvieron relación entre sí y, como se verá, algunos aspectos en común. En esta década quedó repartido el juego político de la transición y, en gran medida, las llamadas «fuerzas de la cultura» se prepararon para el previsible cambio político que seguiría a la desaparición del dictador:

> Hacia mediados de los años sesenta algo muy particular ocurrió en España; la gente más lúcida empezó a comprender la futilidad de la lucha cultural contra el régimen y lo poco que podía dar de sí el sacrificio de un talento artístico o científico para pelear contra un recalcitrante moribundo (Benet, 1996: 198),

aunque hubiera que adaptarse a realidades contundentes, como la censura. Algunos artistas pensaron de forma parecida, por ejemplo, Pedro Almodóvar (que hizo un recorrido completo de la contracultura a la cultura oficial), que se desdiría, con el tiempo, de esta actitud:

Hace veinte años, tras haberme reído de él, mi venganza contra Franco consistía en ni siquiera reconocer su existencia, en hacer mis películas como si no hubiera existido nunca. Actualmente creo que es bueno no olvidar aquella época, recordar que no está tan lejos (Méjean, 2007: 23).

A día de hoy, las palabras de Juan Benet, como las de Pedro Almodóvar, tan distintos, tan alejados, ilustran bien el proceso de desactivación de la cultura descrito con brillantez por Guillem Martínez; según él, esta fue la aportación de la izquierda a la estabilidad política; la relación del Estado con la cultura fue la siguiente: «La cultura no se mete en política —salvo para darle la razón al estado— y el estado no se mete en cultura —salvo para subvencionarla, premiarla o darle honores» (Martínez *et al.,* 2012b: 45). La cultura se convierte así en una gigantesca máquina propagandística del sistema democrático español y sirve, sobre todo, para afirmar la condición modélica de la transición democrática.

A estas alturas, rotos los relatos oficiales de la transición a la democracia, se ha abierto camino la convicción de que hay que gestionar una historia de carácter plural para analizar un periodo con multitud de estratos y narrativas posibles (Díez, 2011; Hernando, 2017); ha de tenerse en cuenta (aunque se sabe desde siempre) que el proceso fue bastante menos pacífico de lo que se ha dicho (Sánchez Soler, 2010; Baby, 2018), mucho más complejo e improvisado (Juliá, 2017), y que, por otro lado, los ciudadanos tuvieron un papel que no conviene despreciar (Risques *et al.,* 2007) en un proceso que, como afirmó Manuel Vázquez Montalbán en expresión afortunada, pareció más una correlación de debilidades que de fuerzas. En este ámbito, el lugar del arte ha sido, hasta hace muy poco, irrelevante en unas historias que, por otra parte, han concedido una gran importancia a la cultura, seguramente por el papel que, según Guillem Martínez, se le asignó, por su vinculación a la gestión pública y por su capacidad para generar identidades (Albarrán, 2012; Quaggio, 2014). En realidad, uno de los aspectos más visibles de la transición ha sido la creación de un estado cultural a semejanza de los europeos (Fumaroli, 2007 [1991]), construido desde una noción que supone que lo cultural predomina sobre lo social (lo enmascara, incluso) y funciona de modo autónomo. El término «cultura» se utiliza, además, en sentido lato (todo es cultura).

Dado el interés que la cultura ha suscitado tanto en las prácticas políticas como en los ámbitos de la historiografía, conviene pensar un poco en la hipótesis (algo impostada, es verdad) de François Jullien: «La cultura no es la guinda del pastel. Creo que ese es el gran error de Marx, que dijo cosas esenciales, pero se equivocó cuando dijo que la estructura es la economía y que lo cultural es una superestructura; no, no es cierto, la cultura está en la base» (Elola, 2017: 28; Jullien, 2017). Una idea que podría complementarse con las de Sánchez Ferlosio: «La cultura quedará cada vez más exclusivamente concentrada en el acto cultural, o sea, identificada con su estricta presentación propagandística» (Sánchez Ferlosio, 1984). Puede que haya cierto acuerdo en este asunto: «Siguiendo las posiciones teóricas de George Yúdice y Fredric Jameson, el "modo artístico de producción" se referiría menos a una formación social urbana específica que a un modelo más abstracto de la economía contemporánea que ahora sitúa a la cultura en el centro» (Squibb, 2017: 21).

Por otra parte, Didi-Huberman ha hablado de memoria saturada como aquella en la que lo que se recuerda pierde efectividad porque se sitúa al margen de las condiciones históricas que lo hicieron posible (Cadenas, 2019: 36); es una memoria que deja las causas al margen, y que suele propiciar un «pasado que no quiere pasar» (Morán, 2015: 80). De algún modo, la pintura de la transición ha sido víctima de esa memoria saturada y también, aunque no solo, de una historia del arte que construía sus narrativas por nodos independientes (abstracción, realismo, nueva figuración) y que, parece claro, ha decidido prescindir de la pintura en unos relatos que tienden a priorizar la cultura de masas, la teoría del arte y, en los ámbitos institucionales, la fotografía. Así las propuestas pictóricas de los años setenta parecen estar paralizadas, fuera del tiempo, como el *Grupo de personas en un atrio* que aparece en el famoso retrato múltiple de Guillermo Pérez Villalta, una verdadera imagen de época.

Puede que sea verdad que no hay un momento claro que defina el inicio del arte contemporáneo en España, al menos no como en México, donde la crítica de arte invoca el año 1968 como momento de ese principio (Albarrán, 2019). Sin embargo, creo que sí hay una fecha para entender los mecanismos de autoconstrucción que condujeron al triunfo efímero de la pintura. Buscar una fecha, un inicio, es siempre una forma de sesgo; cada uno de los relatos artísticos de los años sesenta y setenta (y son muchos) se construye desde una fecha, un hecho, un hito. Pero para esta forma de vuelta al orden que fue la neofiguración hay, sin duda, un año y un libro.

Se trata, ya se habrá adivinado, de *Arte último. La «nueva generación» en la escena española,* un libro sobrevalorado en cierta medida, pero que tiene hoy el valor, de nuevo, de imagen de época; rememora (y canoniza) dos exposiciones celebradas en 1967 en las galerías Amadís y Edurne. Es un pequeñísimo detalle en el intenso año 1969, cuya cronología incluye, entre otras muchas cosas, el escándalo MATESA, el asesinato de Enrique Ruano, unas huelgas en Asturias que condujeron a una declaración de estado de excepción que sería, a partir de entonces, casi la norma y la designación de Juan Carlos de Borbón como sucesor de Franco en la Jefatura del Estado, que se materializó en una sesión solemne de las Cortes el día 22 de julio; la clase política del régimen dejaba clara su previsión de que la desaparición del general Franco («el hecho biológico inevitable») no podía estar muy lejana. En la memoria colectiva, la imagen del anciano general (vestía la chaqueta blanca del uniforme de gala falangista y contaba setenta y siete años) colocándose unas gafas para leer un discurso se superpone a la del astronauta estadounidense Neil Amstrong, que pisó la Luna un día antes. Ese mismo año, los acuerdos con Estados Unidos se habían renovado hasta 1978, lo cual da pie a pensar que, aunque no estuviera todo «atado y bien atado», como afirmó el dictador en su discurso navideño del mismo 1969, tampoco estaba totalmente desanudado.

Añadamos dos detalles: en 1969, Fernando Chueca Goitia redactó un minucioso informe en que proponía la conversión del Hospital de Atocha en un centro cultural (Cabañas Bravo, 1989), y, con el tiempo, la historia del arte español contemporáneo se escribiría en ese edificio. Ese mismo año, Equipo Crónica realiza *Guernica 69:* no es solo que sea una de sus series más logradas; es que, vista hoy, resulta, sencillamente, profética en todas sus partes, pero especialmente en *La visita;* aunque toda la serie fabula sobre la vuelta del *Guernica* a España (solicitada al MoMA en los últimos años del franquismo), en el cuadro del Equipo se ve la pintura de Picasso expuesta en una sala que bien podría ser del Museo del Prado, la mano del quinqué sale del cuadro y el busto y el brazo de la parte inferior se encuentran en el suelo de la sala vacía, en la que se dispone a entrar un grupo de hombres vestidos de chaqué, ataviados con unas bandas y a los que es inevitable identificar como próceres del régimen franquista.

Por otra parte, el año 1969 tiene un papel fundamental en el proyecto *Desacuerdos,* como momento de inicio de algunas prácticas artísticas disidentes, ocultas hasta hace poco tiempo, pero muy visibles en las propuestas historiográficas más recientes. El año, por tanto, es el punto de partida para articular un relato histórico-artístico alternativo muy evidente sobre todo en los primeros volúmenes del proyecto.

El mundo del arte empieza a tomar posiciones, en muchos casos, como hemos visto, al margen de las coyunturas políticas (aunque observándolas desde una distancia prudente). Aguirre afirma el final de la vigencia del informalismo (canonizado en el Museo de Arte Abstracto de Cuenca en 1966), algo que no era ningún secreto. Al mismo tiempo, se desmarca de los realismos, y, de paso, declara una separación radical entre el arte y la política que los críticos y los artistas vinculados a la Nueva Figuración Madrileña seguirán de manera contundente. Por su parte, los miembros de Trama, pese a su decidida posición ideológica, afirmarán la intelectualización del hecho artístico (de la actividad de pintar, al menos), y ambos grupos reivindicarán en la práctica la vigencia del concepto de alta cultura.

Los artistas y críticos situados alrededor de la pintura no tuvieron una mala relación con lo que se denomina «contracultura», que crecería desde 1966 al ritmo en que lo hizo la industria cultural que, en los primeros años de la transición, proporcionó al país la imagen más evidente de cambio. En los últimos tiempos, la cultura de masas ha tenido un papel importantísimo en las narrativas de la transición (Labrador, 2017; Costa, 2018, y Ribas, 2021, entre otros muchos trabajos que podrían citarse), tanto que puede que se haya sobredimensionado, igual que las políticas culturales que, en la práctica, han centrado los relatos que tienen que ver con el arte. Por otro lado, la práctica de la pintura ha generado un relato (esta es una de nuestras principales hipótesis) en buena medida monopolizado por sus protagonistas (artistas y críticos) y cerrado desde el principio. Por muchos motivos, el más evidente, aunque puede que no el más poderoso, es el de la tendencia a la autocanonización que todos los grupos tienen (veremos más de un ejemplo en estas páginas). La cultura de masas y el estudio del sistema del arte han ganado terreno en el ámbito de la historia del arte contemporáneo. Así que es posible que la idea de Javier Utray de que el grupo de figurativos al que, más o menos vagamente, perteneció fue banalizado y degradado por la Movida (Escribano, 2008: 42) no sea del todo falsa. Queda claro, a estas alturas, que el grupo en cuestión no encontró la proyección internacional que buscaba.

En estas páginas estudiaremos los mecanismos de autoconstrucción en los ámbitos de la llamada «Nueva Figuración Madrileña» (cuyos titulares negaron siempre cualquier condición grupal) y también los del grupo Trama, que, al contrario que los primeros, exhibieron un alto perfil ideológico. Lo haremos poniendo los documentos en relación con un contexto que nunca aparece y que parece ser el elemento esencial de las narrativas desde el principio.

Las artes plásticas, insistimos, no han encontrado un lugar claro en los relatos generales de lo que se denomina «la cultura de la transición» (Martínez, 2012a), ni en los oficiales ni en los alternativos; han generado narraciones aisladas, muchas veces escritas por los propios protagonistas; resulta más bien paradójico que esto haya sucedido en los años de expansión de la historia del arte; la historia de la pintura de la época se ha escrito con frecuencia desde la memoria personal.

Inicialmente el cuarteto de Amadís [Carlos Alcolea, Carlos Franco, Rafael Pérez Mínguez y Guillermo Pérez Villalta] compartía muchas cosas. Una fuerte conciencia de la tradición de la pintura y de lo que Juan Antonio Aguirre iba a llamar «la manera antigua»; una no menos fuerte voluntad de autoanálisis; la capacidad de asumir aspectos entonces poco apreciados de la cultura y la vida españolas; la

> voluntad de releer críticamente la modernidad, tomando en consideración no solo ciertos hitos de la misma, sino también ciertas rupturas con las lecturas más lineales que 8de ella se solían hacer todavía en aquel tiempo (Bonet, 1991: 16),

y más cosas, como David Bowie, Roxy Music o la aversión al arte comprometido. Este es, exactamente, el programa que animó, en los años setenta y ochenta (especialmente en la primera década), el arte no político que durante un tiempo ocupó el primer plano de la escena española y que, contra todo pronóstico, pasó pronto al olvido. Pero es también un perfecto ejemplo del tipo de relato cerrado (de consumo interno) al que nos referimos y en el que al crítico le interesa subrayar, sobre todo, que las cosas se hicieron bien. Si el inicio de este libro es el año 1969, el final es algo más incierto, aunque sus hitos principales sean *1980,* una exposición que tuvo lugar en 1979 y anunciaba el comienzo de un momento brillante para la pintura española y *Madrid DF,* que preveía la posibilidad de que el Madrid de los años ochenta pudiera equipararse al París de 1905 o al Londres de 1960.

Se ha estructurado este libro en cinco capítulos. En el primero se analiza *Arte último,* el libro de Juan Antonio Aguirre, y su expansión a lo largo del tiempo; desde su edición en 1969, el libro se convertiría en un verdadero hito que no dejó de citarse, hasta el punto de que, más que un examen del estado de cosas en 1969, parece una propuesta de por dónde deberían ir las artes (especialmente la pintura) en el futuro. Es, en todo caso, un referente desde su publicación; su fortuna posterior fue tan extendida que en 2005 conoció una edición conmemorativa con un volumen adicional en el que prima lo hagiográfico y lo autobiográfico.

En el segundo capítulo se desgranan los argumentos en favor de la pintura de los críticos afines a la Nueva Figuración y abundan los ejercicios de autoconstrucción y las reflexiones en torno a la intelectualización del hecho artístico, tanto por los pintores de la Nueva Figuración Madrileña como por los componentes del grupo Trama.

Es interesante resaltar que los artistas y críticos referidos, durante un tiempo, dejaron de pensar en las identidades como una forma de desmarcarse de la tradición española. Analizamos esta actitud en al capítulo tercero, donde se corrobora que esta búsqueda de normalización no interesó excesivamente en el ámbito de generación de unas políticas culturales y de promoción que encontraban más rentable la permanencia de imagen de exotismo y excepcionalidad del país.

Se ha introducido un capítulo en el que, a modo de caso de estudio, se revisa la poética de Carlos Alcolea; no se trata de reconocer en ella la poética del grupo, pero sí parece representativa de una época y una opción.

Finalmente, se repasan las narrativas que, desde la crítica y la historia del arte (no siempre muy diferenciables en este momento), contribuyeron a la construcción de unos grupos hoy más bien olvidados y de una época sobre la que, en la actualidad, se aplica una intensa revisión.

Capítulo primero

El mapa de Juan Antonio Aguirre
(y algunas derivaciones)

La condición de hombre-orquesta de Juan Antonio Aguirre (1945-2016) le proporcionó una visibilidad sin parangón en el raquítico sistema español del arte. No es una circunstancia menor a la hora de explicar su protagonismo en la transición de las artes: filósofo, artista, director de una galería de arte que pertenecía (no conviene olvidarlo) a la Delegación Nacional de la Juventud (Verdú, 2015), crítico, prolífico escritor de arte. En la época que nos ocupa, Aguirre es, a partes iguales, pintor, teórico, crítico, comisario de exposiciones y museólogo; fue conservador y subdirector del polémico Museo Español de Arte Contemporáneo (que languidecerá hasta 1987) entre 1977 y 1985.

Su libro más conocido, *Arte último,* fue todo un síntoma en la España de 1969. Escrito tras la concesión de una beca de la Fundación Juan March, que desde 1975 apostará decididamente por el arte contemporáneo en sus sedes y en 1980 recibirá, de manos de sus fundadores, el Museo de Arte Abstracto de Cuenca. El libro constata —este es su argumento principal— el final de la vigencia del expresionismo abstracto y la presencia, en 1969, de una serie de tendencias que sugieren un cambio de época; así que, en el trabajo, se superponen lo narrativo y lo cartográfico, aunque predomine lo último; el libro de Aguirre es, antes que nada, un mapa.

En mayo de 1967, Aguirre organizó, en la Sala Amadís, una exposición titulada *Nueva Generación* y que incluía a Elena Asins, Jordi Galí, Luis Gordillo, Anzo, García Ramos, Egido, Alexanco, Julián Gil, Teixidor, Yturralde, Barbadillo, Julio Plaza y el propio Aguirre; en el verano se añadió obra de Lugán (Luis García Nuñez). En el breve catálogo de la muestra, Aguirre lleva a cabo una declaración de principios que puede que nunca deje de mantener:

> Se ha superado ya ese espíritu angustiado, característico de los hombres de la posguerra. Se han abandonado los viejos prejuicios antiestéticos, el morboso culto feísta. Estamos ante un arte sano, ante una eficaz antropología, ante ese estilo tan buscado, y hasta ahora no encontrado, de suficiente flexibilidad (cit. en Lorente, 2005: 26).

En noviembre de ese año, con el mismo título, Aguirre llevó a cabo otra muestra en la Galería Edurne; prescindió esta vez de la obra de Julio Plaza y Lugán y añadió la de Pere Pagés, Gerardo Delgado y Lola Bosshard. En los dos catálogos, que anticipan el libro que analizamos, el pintor declaraba el fracaso de los ismos y abogaba por una síntesis entre abstracción y figuración (una propuesta recurrente en los años setenta). Las dos ideas habían sido verdaderos lugares comunes en la crítica española desde la primera posguerra, y su reactualización en el tardofranquismo no deja de ser sorprendente.

Argumentos estéticos.
Gordillo como pretexto

Los referentes plásticos de partida sugieren un modo de síntesis (un término muy usado por Aguirre), porque el libro se abre con la reproducción de una cabeza de Gordillo, de 1967, que plantea una peculiar relación con el pop (un movimiento con el que Aguirre mantiene una relación más bien preventiva) y una cita del mismo pintor (todavía no ha inventado Santiago Amón el término «gordillismo») que aporta una visión psicoanalítica de la pintura. Por un lado, refuerza la presencia de la nueva generación a que se alude en el título; por otro, afirma la actitud de autorreferencialidad que busca Aguirre:

> Construyo un espacio síquico: la figura es un espacio dentro de otro. La materia es total: el hombre es una ordenación síquica de ella. Estructuración síquica dentro de la materia total. El alma es la toma de conciencia que la materia hace de sí misma: en otro caso la persona es pura mate-

ria sin más. El hombre es un concienciador progresivo: consciencia del grupo, pero también consciencia del yo (integración de lo inconsciente y de lo consciente, el «en sí mismo» de Jung) (Gordillo, 1967, en Aguirre, 1969: 7).

Parece una constante en Gordillo la utilización del dibujo automático como punto de partida que se ordena después; para eso le sirve la fotografía, para enfriar la imagen posterior y organizar el espacio, la introspección y algo que Gordillo comparte, como veremos, con el grupo de los neofigurativos: la ironía. En 1999, Gordillo aclara su duradera relación con el pop:

> El arte pop anunciaba que la clave de todo esto residía en la unión de la alta y la baja cultura. Llegué a pensar que este era el elemento más importante del arte pop. Sin embargo puntualmente he descubierto que el pop trataba una cuestión más relevante: es la neutralización de la pintura mediante la fotografía y los medios fríos de reproducción *que han vaciado a la pintura de ese sentido paradisíaco y sagrado* al que me refería (Gordillo, 1999c: 115-117).

Un sentido que, sin embargo, mantiene la pintura de Gordillo. Añadiré otra reflexión del pintor, esta de 1972, sobre la relación de la pintura y la realidad que probablemente fue muy compartida en ese momento:

> Toda ideología, toda forma de ser, aun la más humilde, la más vulgar, tiene en lo profundo una teoría económica, una economía energética. Siempre se hace valer una postura por el placer que produce; las negaciones del placer por una causa superior no niegan sino que demuestran este punto de vista. Es en este punto donde la estética se hace ideología; es aquí donde la estética se hace revolucionaria (Gordillo, 1999b [1972]: 53).

Es una curiosa forma de reivindicar el placer de la pintura; lo placentero es político, podría decirse.

La condición de Juan Antonio Aguirre como descubridor de la pintura de Gordillo se ha subrayado en muchas ocasiones. En el artículo pionero en el que tuvo lugar la revelación, el crítico empieza señalando el equilibrio entre arte nuevo y sano, entre lo instintivo y lo racional, como características de época, lo que no parece un diagnóstico muy acertado del arte de los años sesenta, sobre todo si uno piensa en tendencias como los nuevos realismos, el arte conceptual o el *povera*.

Aguirre constata el paso de la pintura de Gordillo, merced al conocimiento del pop británico, del informalismo a la «nueva figuración»; el pop es una línea roja para Juan Antonio Aguirre: «El *pop* buscó una nueva representatividad, una visión del mundo real sencilla y sin complicaciones, lo malo es que a veces, para decirlo claro, esta visión degeneraba en tonta» (Aguirre, 1966).

La inspiración de las *Cabezas* de Gordillo en el mundo de la publicidad es válida gracias a que acaban convirtiéndose en alta y pura pintura (en el ámbito de Aguirre, esta categoría tenía una extraordinaria vigencia). Veremos cómo otros artistas del momento llevan a cabo una intelectualización del arte pop. En 1974, asumiendo el papel de crítico (hace tiempo que los roles son intercambiables en el sistema del arte), situaba Javier Utray a algunos de los pintores de la «tercera generación» (Carlos Alcolea, Carlos Franco, Rafael Pérez Mínguez y Guillermo Pérez Villalta) como artistas herederos del arte pop, cercanos al surrealismo, al psicoanálisis, a la iconología proustiana, firmes partidarios de la intelectualización del hecho plástico y, consecuentemente, tendentes a buscar soluciones en el manierismo conceptual (este será, en la práctica, el ecléctico programa de la Nueva Figuración).

SOLO LA PINTURA

Las citas de Kandinsky, Max Bense y Mondrian que aparecen en el primer capítulo de *Arte último* enmarcan un cierto debate entre arte puro y arte comprometido (se retoma aquí otro lugar común en la teoría del arte española de posguerrra), algo que —no debería olvidarse— estaba presente en el seno de la escuela de Altamira (donde, por cierto, se citó a Kandinsky con alguna frecuencia), aunque se soslayara durante la época de preponderancia del expresionismo abstracto, que tiene su cenit en los triunfos internacionales de 1958 y el inicio de su decadencia en 1964, cuando, contra (casi) todo pronóstico, la Bienal de Venecia premia la obra de Robert Rauschenberg y el arte pop alcanza una gran visibilidad en Europa (un poco tarde para un movimiento que había nacido en 1956 y que, en 1969, el año que nos ocupa por cierto, será desplazado por una escandalosa exposición que dibuja la figura del comisario moderno, que no es otro que Harald Szeeman: *Cuando las actitudes devienen forma)*. Esta canonización del pop la explicó muy bien Xavier Rubert de Ventós, que en 1963 había publicado un libro esclarecedor sobre arte abstracto (Rubert, 1963). El *pop art,* reconocido en la Bienal de Venecia de 1964 con el polémico premio a Robert Rauschenberg, era producto de una amplia vuelta a la figuración que tenía que ver tanto con el agotamiento de la abstracción como con una estrategia del mercado (Rubert, 1965).

Aguirre, en su libro, parece compartir la perplejidad que Camón Aznar hizo pública en la tercera página del diario *ABC,* que frecuentaba con asiduidad. El pop, decía Camón, podía ser la última avanzada del «vanguardismo abstracto», un episodio más del antiarte que preconizó *Dadá,* un epígono del surrealismo o, aún peor, los objetos podrían equivaler a «la violencia de un volumen que profana la idea pictórica y que quedan flotando como un cadáver sobre el río del arte» (Camón, 1964: 3). Algunos críticos vieron el pop como un retorno a la figuración y, en realidad, al orden. Hoy, gracias a la imponente biografía de Leo Castelli (Cohen-Solal, 2011 [2009]), sabemos del papel fundamental que desempeñó el galerista en el desarrollo del pop y en su triunfo en Venecia, que en buena medida se vivió en Europa, con cierta razón, como una nueva invasión de la cultura norteamericana.

Aguirre no habla de otras prácticas artísticas, pues para él solo existe la pintura; más adelante llegará a definir el arte conceptual como «verdadero derroche de chorradas» (Aguirre, 1985). Propone un escenario en el que el arte se reduce a la pintura. En vano buscaremos algún eco de la desmaterialización del objeto artístico que parece darse en estos años (Lippard, 2004); no es que no se considere, es que *Arte último* es un libro contra la desmaterialización, pese a que su autor, en las primeras páginas, reconoce que «nunca ha sido tan complejo el mundo de los que se autodenominan artistas» (Aguirre, 1969: 11).

El cambio de paradigma que se proclama en el libro, el fin del informalismo, puede encontrarse en los diarios de Zóbel, donde hay interesantes consideraciones sobre Millares, en cuya pintura el artista y teórico ve «una nota poética, lírica» (Zóbel en Villalba, 2006: 60), aunque puede que Zóbel pensara sobre todo en las *Pictografías* del pintor canario. Pero en Zóbel hay también un intento de ver la cultura española de otro modo, alejado del tono trágico tan querido a Luis González Robles (que, por cierto, había seleccionado la pintura de Zóbel para la Bienal de Venecia de 1962, en la que el envío español tuvo poco éxito). Veamos un ejemplo: «Discusión con Sempere, que admira la *Viridiana* de Buñuel. Topicazos, pretenciosos. Tremendismo ibérico a la medida del intelectual francés» (Zóbel en Villalba, 2006: 60); las citas corresponden a una nota de los diarios de Zóbel del 9 de octubre de 1964.

Era una visión diferente a la que protagonizaron los críticos del informalismo, como frente a quienes escribirán el relato oficial del arte del franquismo desde Venecia en 1976. No es tanto un descarte del informalismo trágico (que Zóbel coleccionó con gran interés) como un anuncio del fin de su hegemonía (algo evidente por otro lado) y, sobre todo, una lectura de la obra desde ámbitos más formalistas. Seguramente este es el sustrato teórico del Museo de Arte Abstracto de Cuenca, y el modo de conciliar a tres generaciones abstractas. No era Zóbel un mal conocedor de la cultura española: lector de Juan Ramón Jiménez, traductor al inglés de *Amor de don Perlimpín con Belisa en su jardín,* de Federico García Lorca, autor, en la Universidad de Harvard, de una tesis de licenciatura sobre el conflicto en el drama lorquiano; todo ello hace particularmente interesante su visión de la cultura española. Pero, más allá de eso, Zóbel aporta una forma de mirar que se establece desde una visión pedagógica del museo, desde una posición formalista, bostoniana. Calvo Serraller menciona, entre los intereses de Zóbel, la obra de Bernard Berenson (Calvo Serraller, 1984a), pero es imposible que el pintor no conociera los escritos de John Dewey, tan queridos a Robert Motherwell; su perspectiva no está lejos de la idea de experiencia artística que postuló el filósofo estadounidense. Su conocimiento de la obra de T. S. Eliot, y en general de la literatura anglosajona, y su visión de la pintura como un diálogo permanente y tranquilo con la tradición, tan cercano a la pintura como a la historia del arte —«el pintor que ha leído y continuamente lee y lee» (Fontán, 2022: 37)—, debieron de resultar muy atractivos tanto para Aguirre como para los pintores neoexpresionistas que reclamaron continuamente una pintura cálida. En 1980, Ángel González señalaría como una de las actitudes centrales de la década la de «atreverse a hablar de pintura, atreverse a pintar, ahí están de acuerdo todos los que pintan y también los que hacen como que pintan, Juan Navarro Baldeweg [...] o Eva Lootz» (González García, 2009b: 482).

Conviene seguir el sabio consejo de Juan Manuel Bonet, que recomienda leer los textos críticos de Ángel Crespo en la revista *Artes,* dirigida por Isabel Cajide, porque dan algunas pistas sobre las posiciones de Juan Antonio Aguirre (Bonet, 2005: 20). Muy partidario del arte geométrico, pero más conciliador con los informalistas que Aguirre, Crespo plantea una cierta continuidad entre los expresionistas abstractos y el arte posterior. Pilar Gómez Bedate, además, ha hablado de una pulsión junguiana en las concepciones artísticas de Ángel Crespo.

UN ARTE ESPAÑOL AL MARGEN DEL DRAMA

Este es el contexto en el que surge *Arte último,* publicado en 1969, que traza una cartografía que Aguirre, en gran parte, descartará años después, aunque algunas de sus elecciones, como la de Gordillo, se mantengan. Empieza su libro explicando por qué ha terminado la hegemonía del informalismo y, de paso, afirmando que, si los pintores del grupo El Paso suscitaron el interés de la crítica española, «la razón de los elogios no siempre fue la más deseable [...] sacando a relucir las supuestas constantes de la cultura y el arte españoles: sentimiento trágico, individualismo a ultranza, "pasión andaluza", etc.» (Aguirre, 1969: 17). También subraya la gran capacidad de adaptación de algunos de estos pintores: «Antonio Saura, sin ser un gran creador, es un hombre lo bastante inteligente para adecuar los medios a los fines» (Aguirre, 1969: 19); el pintor aragonés será, como veremos más adelante, una verdadera obsesión para Aguirre. Así que lo que se está proponiendo es una lectura diferente, aséptica, construida en términos líricos, como la que aparece en los planteamientos de Zóbel y, en definitiva, en su obra mayor, el Museo Español de Arte Abstracto de Cuenca, una pinacoteca que, fuera de Madrid, nace liberada del peso de la historia de España por su carácter periférico y privado especialmente, porque en 1963, cuando Zóbel ha ultimado ya el proyecto, el informalismo ya es historia y sus pintores más representativos han decidido dejar de colaborar con el régimen de Franco.

Se fomentaba con estos argumentos, escribía Aguirre, una forma equivocada de entender el arte español; además, el pintor afirmaba que algunos términos muy presentes en la crítica y en la historiografía, como «constante histórica» o «escuela nacional», habían perdido vigencia (es constatable una cierta moderación en el uso del concepto de «lo español» en los años siguientes, que seguramente tiene que ver con lo que Aguirre señala). La referencia del arte de «los últimos veinte años» (Aguirre, 1969: 20) se encuentra en el Museo de las Casas Colgadas de Cuenca, y el enlace con el arte posterior es la generación lírica, lo que se denominó «la poética de Cuenca»: Mompó, Rivera, Rueda, Sempere y Zóbel, toda vez que Tàpies o Millares quedan ya «dentro de la historia» (Aguirre, 1969: 20). Así que hay, efectivamente, un paradigma histórico diferente, unas pautas de lectura distintas que, durante los años que cubre este trabajo, convivirán con las otras, las que ganan la Bienal de Venecia de 1976 y que al final de la década serán hegemónicas. Pero la transición en las artes ha de explicarse, especialmente, desde la pugna de estas dos miradas alternativas.

Arte último contiene una cartografía, ya se ha dicho, pero también una preceptiva: Aguirre se niega a explicar por qué triunfa un lenguaje plástico (aunque atribuye a la forma un papel crucial en ese proceso, pero entiende, como Wölfflin, que la respuesta es complicada y, en ocasiones, inefable). Su visión del arte le lleva a defender la pintura más allá de su carácter figurativo o abstracto, remitiéndose igualmente a la forma; entiende que el concepto de experimento es, en arte, equívoco: todo arte es experimental, aunque el experimento sea el punto de arranque y en ningún caso la meta. Relativiza «lo que se ha llamado situación antes del arte» (Aguirre, 1969: 14), en clara alusión a las propuestas de Vicente Aguilera Cerni, que pretendía «rastrear el camino que va de la ciencia al arte» (Aguilera, 1997b [1968]: 63), es decir, buscar relaciones entre el arte y el diseño, continuar los planteamientos del Equipo 57 y, en definitiva, incidir en las ideas de democratización de las artes que postuló Giulio Carlo Argan, de quien Aguilera cita, con gran entusiasmo, su libro *Proyecto y destino*.

El crítico valenciano explicaría después el proyecto *Antes del arte* en estos términos: «Se trataba, nada más y nada menos, que de prescindir de la cultura artística, para recomenzar desde cero, sin pudor alguno y de modo desafiante. Se trataba, también, de rematar el informalismo tardío, aceptando las corrientes de reportaje social» (Aguilera, 1997a: 20). La exposición de Aguilera en Madrid había merecido un comentario algo escéptico de nuestro autor; el manifiesto («un papelito», decía Aguirre) funcionaba «como tesis a cuyo sostenimiento se pretende que contribuyan las obras presentadas» (Aguirre, 1968: 25), un arte que debía alcanzar eficacia comunicativa a fuerza de cumplir las leyes de la percepción, lo que —esta era la objeción principal de Aguirre— negaba la intuición: «Creo todavía en el papel fundamental del artista *intuitivo* —y por supuesto, en su existencia— con vistas al enriquecimiento cultural» (Aguirre, 1968: 27).

Aguirre descartará todo esto, sin negar la utilidad del análisis semiótico y de las teorías gestálticas que están en la base de las propuestas de Aguilera en *Antes del arte;* nuestro crítico priorizará la noción de creación artística al tiempo que invalida la dicotomía entre emocionalidad y racionalidad como criterio pictórico. El devenir del arte, dirá Aguirre, está en la síntesis de las grandes corrientes del siglo; eso es lo que representa la nueva generación, y de ahí la importancia de la cartografía.

La generación abstracta, escribe Aguirre, y la crítica basada en criterios como el de escuelas nacionales, o locales, y en la defensa de las constantes históricas han pasado. El pop (ante el que Aguirre mostraría, como venimos viendo, algunas reticencias) y el *op art* serían las vías de salida del informalismo: «Una obra de Andy Warhol o de Le Parc gusta a muchísima más gente que una de Pollock» (Aguirre, 1969: 29), y en España, Luis Gordillo y Manuel Barbadillo son las dos figuras clave de la nueva generación, contrarias y complementarias. El segundo desarrolla siempre un módulo que, al fin, conduce a un cuadro de aspecto orgánico, «llevando la expresividad tradicional hasta un funcionalismo perceptivo» (Aguirre, 1969: 32). Al crítico le interesa este carácter multidireccional en la pintura. Gordillo será referencia en el grupo de artistas figurativos de los años setenta, el relevo de Nueva Generación, cerrada por Aguirre en 1977. En 1969, lo que interesa a Aguirre de Gordillo es su sentido dual, lo automático y lo controlado, lo subconsciente y lo racional, lo informal y lo constructivo, pero también la intelectualización del hecho artístico (no es muy distinto de lo que Rafael Pérez Mínguez llamaría «pintura dialéctica»). Gordillo, Barbadillo y Luis Canelo representan, de este modo, el posinformalismo.

El siguiente capítulo del libro que comentamos se centra en lo que el autor denomina «pintura reportaje», una opción representada por Anzo y los equipos Crónica y Realidad. «Decir pintura reportaje equivale a decir pintura más otra cosa» (Aguirre, 1969: 44), lo que no deja de ser una defensa evidente de la pintura pura. Es una de las tendencias posteriores al informalismo, una nueva figuración que pone a salvo «el regusto sensual de la materia informal y el trazo expresionista» (Aguirre, 1969: 46), una abstracción geométrica y un realismo derivado del pop que aprovecha la cultura de masas. El héroe es aquí Anzo, cuyas estructuras repetitivas lo sitúan en la síntesis de la Nueva Figuración. El laconismo con el que despacha al entonces muy joven Equipo Crónica es de lo más significativo: «Se interesan sobre todo por la asociación de imágenes, y desde un punto de vista formal, sus obras más notables son aquellas en las que el color y la estructura están a favor de un barroquismo chispeante y "fallero"» (Aguirre, 1969: 47). No puede ser casual esta mirada que niega la existencia de un realismo poderoso, presente en los debates artísticos como en el ámbito de la crítica, así que aquí puede verse un frente antirrealista, antipolítico.

Lo geométrico es, para Aguirre, la obra abierta, en el sentido de Umberto Eco; como si solo el arte geométrico buscara la participación del espectador (que no es un tema nuevo en la cultura española, puesto que en 1957 había aparecido en España *La hora del lector,* de José María Castellet, años antes de la exitosa *Obra abierta* de Umberto Eco). Aquí, Aguirre muestra un gran interés por la obra de José

María Yturralde: «Sus obras más relacionadas con las investigaciones y estudios [...], algo así como el objeto encontrado del viejo dadaísmo, como imágenes sacadas de un libro de sicología de la visión» (Aguirre, 1969: 54-55); sus figuras imposibles constituyen «una propuesta de desasosiego en tanto que información al espectador» (Aguirre, 1969: 58).

El apartado «Situaciones antagónicas» enfrenta la obra de Jorge Galí, Elena Asins y... el propio Aguirre: «Mi obra reciente se instala también en una obra aparentemente rebelde» (Aguirre, 1969: 71). El prototipo de la figuración (mixta) es Alexanco, de cuya obra se había ocupado Aguirre en 1966; veía en ella una superación de un expresionismo académico mediante el orden que le llevaba a un modo de nueva figuración.

La conclusión es que la generación española de los cincuenta no difiere especialmente de la de los países del entorno español (ni siquiera en las visiones trágicas); el experimento ha de ser limitado y los objetivos del arte son la expresión, la belleza y la exactitud (Aguirre, 1969: 94).

El relato de Aguirre es autárquico, muy rara vez aparece una influencia en algún artista, y es excepcional la afirmación de que Yturralde responde a las tradiciones de Vasarely; no hay ninguna mención del Equipo 57, por ejemplo, por no hablar del arte óptico. Las líneas rojas las marca el arte político, toda vez que ha pasado el momento del informalismo y hay una vuelta a la pintura pura. Desde el punto de vista del método, el libro es un ejercicio de formalismo en el que las obras se tratan de modo aislado y se defiende continuamente la individualidad del artista, de modo que la pertenencia generacional es siempre relativa. Es una línea de pensamiento que atraviesa la década, aunque los gustos de Aguirre cambien y oscilen hacia la figuración en los años siguientes.

EXPANSIÓN DE *ARTE ÚLTIMO*

En 1976, en el contexto de la Bienal de Venecia, Simón Marchán contestaba al mapa y la propuesta de Aguirre: «Dejando a un lado la parcialidad ideológica de su elección [...] y lo artificial de conectar con la "generación abstracta" pasando por alto lo ocurrido en la década de los sesenta, la proposición tenía un raro y sorprendente acierto» (Marchán,

1976: 180-181): el papel, central, de la figura de Gordillo y la existencia, más o menos parcial, de esa generación que protagoniza el grupo representado en el retrato múltiple de Guillermo Pérez Villalta (del que hablaremos más adelante). Marchán constata una nada inocente aversión al realismo, una clara propuesta de recuperación del sujeto desde posiciones como las de Nietzsche, Bataille, Freud, Lacan, Deleuze o Lyotard, en una amalgama cuyos dardos «van dirigidos tanto contra la filosofía analítica y los cientifismos al uso como contra el marxismo» (Marchán, 1976: 182). Es una panorámica muy completa y un plano de situación muy exacto de las opciones artísticas de los años setenta que todavía hoy resiste bien una lectura. La recurrencia de Aguirre a la abstracción de los años cincuenta le parece a Marchán un enlace artificial y un ardid para ocultar la vigencia del arte político que pone de manifiesto «la parcialidad ideológica de su elección» (Marchán, 1976: 180).

En un libro publicado algunos años después, y que se leyó mucho en España, Marshall Berman hacía de Marx y Nietzsche los autores más representativos de la complejidad de lo moderno: si para el primero «todo lo sólido se desvanece en el aire», para el segundo «nuestros instintos pueden desbocarse en todas las direcciones posibles nosotros mismos somos una especie de caos» (Berman, 1988: 8).

Ciertamente, una clara señal de lo que decía Marchán fue la publicación, en 1972, del libro colectivo *En favor de Nietzsche,* donde Eugenio Trías explicaba que el filósofo restituye el pensamiento a su verdadero ámbito, la escena (Trías, 1972: 53), e invocaba el azar para designar la dispersión inconexa de los momentos de ausencia de finalidad que preside los cambios (no es difícil encontrar estas ideas en los artistas figurativos de los setenta). El libro seguía una tradición abierta en 1965 por Gilles Deleuze con un libro bello y breve que incluía una concisa introducción biobibliográfica y una antología útil, algunos de cuyos fragmentos habrían hecho las delicias de los pintores figurativos: «Casi siempre ha sido la locura la que ha abierto el camino a las nuevas ideas, la que ha roto la barrera de una costumbre o de una superstición venerada» (Deleuze, 2019: 91). *En favor de Nietzsche* podría leerse como una señal de la entrada de la cultura posmoderna en nuestro país.

Entre 1970 y 1975, en Amadís, Aguirre continuó insistiendo en sus exposiciones en la síntesis entre abstracción y figuración; así podía verse en *Hombre-espacio* en 1970, con Anzo, Alexanco y Gordillo y otros más jóvenes como Alcain, Isabel Baquedano o Luis Muro. En 1971 organizó una exposición de la obra de Carlos Alcolea, a la que siguieron individuales de Carlos Franco, Guillermo Pérez Villalta y Rafael Pérez Mínguez (Lorente, 2005).

Una ojeada a la política de exposiciones y compras del frustrado MEAC indica el papel que tuvo Aguirre en el desarrollo de la pintura figurativa: entre 1979 y 1980 se expuso a Luis Muro y Carlos Alcolea; en 1981, a Santiago Serrano; además, Pablo Pérez Mínguez llevó a cabo una intervención, en el centenario del nacimiento de Picasso y con motivo de su antológica (recuérdese que Juan de la Encina lo había intentado en su época de director del Museo de Arte Moderno y que José Moreno Villa lamenta, en sus atrayentes memorias, la ausencia de obras de Picasso en el mismo museo). *Pinturas de Sevilla 1982* supone otro intento de llevar al museo la pintura que, entonces, era extremadamente contemporánea. No fue lo único, pues se combinó con exposiciones de Miró, Dalí y Cézanne o, en el ámbito de otras prácticas artísticas, con una de Wolf Vostel. A través de los concursos, el museo adquirió obras de los figurativos madrileños.

La pintura de Aguirre parte de una propuesta naíf (que testimonia su fascinación confesada por la obra de Higinio Malebrera), pasa por la abstracción y, muy pronto, se vuelve figurativa (posee un carácter de manifiesto, en este sentido): «Me interesa la etapa que va desde el impresionismo al surrealismo, es decir, ese periodo en el que la pintura es fundamentalmente retiniana, en la que el color tiene un protagonismo indudable» (cit. en Huici, 1999: 14).

En 1999, Mariano Navarro (que había calificado los años setenta como una «década multicolor») organizó la exposición *Imágenes de la abstracción. Pintura y escultura española 1969-1989,* cuya idea era dejar al descubierto que en los años setenta y los ochenta había una poderosa corriente abstracta; pero la exposición se colocaba bajo la advocación de Aguirre y, sobre todo, de *Arte último* y el catálogo se cerraba con una entrevista a Juan Antonio Aguirre por Óscar Alonso Molina. La reconstrucción de la historia que hace Juan Manuel Bonet no deja de ser significativa; una tarde del verano de 1974, Rafael Pérez Mínguez y él están en la casa de Cuenca de Antonio Saura y, ante la sorpresa divertida del pintor de Huesca, Pérez Mínguez manifiesta su emoción por hallarse en compañía de lo que él considera la historia de España, tomando el relevo (!); unas horas después busca, para la joven Galería Buades y sus artistas, el respaldo de Zóbel y Torner. Bonet y Pérez Mínguez recorren así el camino abierto por Aguirre, que ensalza, se recordará, una suerte de abstracción lírica protagonizada por Zóbel, Torner y Hernández Mompó, entre otros, y que continúan Teixidor, Yturralde o Elena Asins. Algunos abstractos como Miguel Ángel Campano, Santiago Serrano o Miutso Miura hicieron el camino que se inició cuando Aguirre abrió las puertas de Amadís a Carlos Alcolea, Carlos Franco, Rafael Pérez Mínguez y Guillermo Pérez Villalta, pintores que tenían como referencia a Luis Gordillo y se empeñaban en huir de la noción de grupo. Las palabras de Pérez Villalta son elocuentes a este respecto:

> Tan solo una perspectiva temporal o una compenetración exhaustiva permite vislumbrar lo que

de común hay en nosotros, que yo me complacería en definir como un cierto manierismo respecto a las vanguardias inmediatamente anteriores (en Marchán, 1976: 182).

Cuenca, siguiendo con el relato que propone Aguirre, sería un cruce por el que pasó algún representante de la pintura-pintura, como José Manuel Broto, componente de otra fuerza en presencia, que diría Warburg, en la que, a diferencia de las actitudes de Fernando Zóbel, se leyó a Marcelin Pleynet con devoción.

En el paisaje (un término muy utilizado por el crítico) de Bonet hay referentes: Gordillo, por supuesto, y Tàpies, decidido valedor del grupo Trama, mientras descalifica a los conceptuales de Treball. Oteiza y Chillida serán referencias en la escena vasca (no es muy habitual en esa época esta visión por comunidades autónomas), y en Madrid, José Guerrero, que había regresado de Nueva York por causa de un fracaso relativo (Guilbaut, 2007) pero que podía disociarse de la generación abstracta que tan poco gustaba a Juan Antonio Aguirre, Carlos Alcolea y Carlos Franco y aparecer como alguien cercano al mítico expresionismo abstracto americano. Un tema que sería objeto de una exposición celebrada en 2006, *El efecto Guerrero,* comisariada, de nuevo, por Mariano Navarro.

Se trataba de una muestra intergeneracional, en la que participaron, entre otros, Albacete, Alcolea, Broto, Cobo, Juan Uslé o Juan Vida. En el catálogo, el comisario recoge tres citas de Guerrero que parecen muy de la época que analizamos, aunque el pintor las pronunciara después: «Hemos tenido un monstruo, que ha sido Picasso, pero yo como pintor prefiero a Matisse» (1987); «Paul Klee es para mí el primero que deliberadamente pinta desde fuera de la historia de la tradición» (1976) (ambas en Navarro, 2006: 24). El autor afirma, además, que la pintura de Guerrero es la suma de Mondrian, Matisse y Rothko, los tres en el horizonte de los figurativos de los setenta. Por otro lado, Navarro delinea un retrato de Guerrero como un hombre tan positivo como instintivo.

Kevin Power (1999), otro protagonista de la crítica del momento, lleva a cabo una metahistoria que incluye los episodios americanos desde el conceptual hasta el *land,* pasando por el *minimal;* la condición posmoderna que asume la pintura abstracta que aparece tras la desmaterialización sirve, literalmente, para cerrar la brecha de la modernidad. Power, siguiendo —y discutiendo— a Donald Kuspit, plantea que la abstracción pospictórica es la base sobre la que se desarrolla el *minimal* (ausente de España hasta 1981), que, finalmente, da lugar a formas que no son geométricas ni orgánicas y que, al fin, llevan a cabo la síntesis que la abstracción (expresionista o pospictórica, da igual) deja pendiente. Power identifica esta resolución de las contradicciones con el relato posmoderno, del que participan artistas abstractos como Marden, Ryman, Mangold y Richter. El intento fundamental de Sol Lewitt (eslabón que va del *minimal* al conceptual) es el de «eliminar la subjetividad». La aportación del *minimal* es la respuesta del lector; es, además, el punto de despegue de artistas como Richard Serra o, a propósito de la noción de intervención, de Robert Smithson; es el magma en que se desarrolla la abstracción de los años setenta y ochenta. Son, justamente, los episodios que no aparecen en el mapa de Aguirre, en el que la pintura se remite, solo y exclusivamente, a la tradición pictórica. Parece que, veinte años después, Kevin Power quisiera dotar de un contexto internacional a *Arte último*.

En un texto anterior, de una exposición intergeneracional de referencia, Power constataba una vuelta sin remedio a lo narrativo, pero sobre todo planteaba una visión ecléctica de la pintura como método en un contexto que años antes había definido Christos Joachimides en un artículo al que haremos referencia. Eclecticismo que debía su existencia al derrumbamiento de la autoridad y la fuerza crítica del gusto. Sin embargo Power alababa las actitudes románticas y, sobre todo, la defensa de una pintura asimilable a la alta cultura y, al mismo tiempo, inseparable de la biografía del artista. Confiesa querer reflejar la diversidad de la pintura y, al tiempo, dejar en el aire la cuestión de quién representa mejor la pintura del momento, aunque sitúa su exposición en la estela de *Madrid DF, Nuevas figuraciones, Veintiséis pintores y Trece críticos* y *En el Centro* (Power, 2000 [1985]: 72).

La percepción de Guerrero es muy diferente de la que se tiene de la generación abstracta española. Ya hemos visto la opinión de Aguirre, pero la de Carlos Franco no deja de ser elocuente al reivindicar un carácter social para su pintura frente a los sermones negristas en favor de la libertad, cuya huella no era tal, de muchos pintores oficiales que en aquellos momentos ya habían caído en la repetición de la red de contradicciones en las que, como peces, habían sido pescados, por mucho que sus palabras aparentaran sesudos mensajes revolucionarios (Franco, 1997: 12).

La clave del acomodo de la pintura de Guerrero a la coyuntura de los años setenta es, seguramente, la que explicaba María Corral:

Sus obras apelan a la emoción antes que al entendimiento, a nuestra piel antes que a nuestros ojos, a la sensualidad de la pintura antes que a su análisis. Pero aun y así sabemos que aunque la abstracción descansa en la percepción, reside en el pensamiento. Ambos artistas [Guerrero y De Kooning] ganaron la batalla de la pintura contra la forma y, conforme su edad avanzaba, su pintura se volvía más expansiva y radical (Corral, 2001: 16).

Pura pintura y/o, como en el famoso cuadro en el que John Baldessari cruzó la pintura con el arte conceptual, pura belleza.

CAPÍTULO 2

La pintura, narrada

El mapa de Juan Antonio Aguirre se irá ampliando y, al mismo tiempo, depurándose hacia la figuración, de la que el pintor y crítico será propagandista principal. Los años setenta, que son los del apogeo del arte conceptual, serán también los del retorno a la pintura; eso es, al menos, lo que, hasta hace muy poco tiempo, han afirmado las narraciones más visibles. Pero en 1972 tendrán lugar los Encuentros de Pamplona, donde obras como *Soledad interrumpida,* de José Luis Alexanco, un artista de *Arte último,* y Luis de Pablo (artífices del evento) servirán para mostrar la inevitabilidad de la mirada política sobre las obras de arte. La obra se compone de unas figuras de policloruro de vinilo, colocadas sobre un pie de madera, que se hinchan al ritmo de la música. En Pamplona, sin ánimo de ser exhaustivo, están los componentes de Zaj, Agustín Ibarrola, cuyas esculturas fueron envueltas por él mismo en protesta por la represión de la policía y convertidas en posibles obras de Christo, la música de Luis de Pablo o el *Espectador de espectadores,* un personaje ubicuo, con gabardina y gafas de sol, que recordaba, vagamente (o no tanto), la presencia de la policía política de Franco (pese a la proclamada agonía del régimen); era una obra del Equipo Crónica, cuyos componentes dudaron hasta el final sobre la conveniencia de su participación, reflejando así el rechazo de la izquierda, expresado con toda claridad por Pere Portabella, entre otros. El responsable último de esta fiesta fue Juan Huarte (y familia), presente en São Paulo cuando Oteiza ganó el Gran Premio de la Bienal y que tendría un papel muy activo en la renovación artística española desde los años cincuenta. Huarte merecería un estudio reposado y profundo, marcaría un camino que pasa por Cuelgamuros, Brasil y Pamplona.

Los Encuentros serán una manifestación de las tensiones de la modernidad crítica y las relaciones (conflictivas, según se verá) entre la acción artística y el contexto sociopolítico. Mal que bien, fueron el escenario en el que España recibió las últimas vanguardias (las neovanguardias, que diría Hal Foster). Objeto de una exposición interesante y exhaustiva hace no muchos años (Díaz-Cuyás, 2009), los Encuentros no han suscitado grandes debates, aunque Francisco Rivas los vio, en 1982, como un antecedente, más o menos lejano, de ARCO (Bonet, 2006: 31). Los Encuentros se mencionan más bien de pasada en el texto de Simón Marchán citado más atrás, escrito con ocasión de la Bienal de Venecia de 1976, en el que afirmaba que la década de los setenta se movía entre los nuevos medios y la «recuperación pictórica». Los Encuentros contaron con la presencia, algunos como espectadores, de la mayoría de los artistas de la Nueva Figuración Madrileña (Carlos Alcolea trabajó en las relaciones con la prensa) y revelaron la división existente en el seno de lo que, en el lenguaje político de la izquierda, se denominará «fuerzas de la cultura». En 1997, una exposición celebraba el veinticinco aniversario de los Encuentros de Pamplona y recogía sobre todo testimonios de participantes directos y algunos testigos. Fernando Huici hacía un curiosísimo balance en el que se refería a un «triunfo ilusorio [...] pese al impulso que dio a las tendencias experimentales [...] no iban a ser estas [...] las que dominaran el debate renovador en el curso de la década [...] sin embargo, la aparente derrota escondió una secreta victoria» (Huici, 1997: 33).

Retrato(s) de grupo

Pero en los años setenta, entre el forzoso final de la dictadura y el inicio de una transición que se anunciaba más bien incierta, un grupo de críticos jóvenes de Madrid apostará decididamente por una pintura que se sitúa en los ámbitos de lo que se ha denominado «posmodernidad cálida» (Guasch, 2000) y que se coloca claramente frente a los realismos políticos, pero también frente al informalismo, que desde 1957 había rendido importantes beneficios de imagen al Estado español y que en los años ochenta tendrá un papel no desdeñable en la escena artística, sobre todo en los ámbitos de la promoción y pese a que desde el final de la década anterior, como hemos visto, se viene anunciando su desaparición. Se siguen, en la práctica, las consignas de despolitización y figuración de Juan Antonio Aguirre, pero hay más cosas: la búsqueda de una cierta reconciliación con el público (y con el mercado), la mezcla de citas y estilos (absolutamente presente en la crítica) y la tendencia al pastiche.

Queda claro en un texto muy conocido de Juan Manuel Bonet, del que me serviré para enmarcar ese capítulo. Se trata de «Retrato de grupo en un paisaje español», de 1981, escrito para la exposición *Otras figuraciones* y que, como casi todos los textos del crítico citado, como casi todos los relatos que hablan de la Nueva Figuración Madrileña, tiene un tono de balance, de autoconstrucción histórica; incluso, de documento interno, dirigido a los artistas, y, desde luego, contiene una propuesta de canon alternativo; citaré el principio y el final del trabajo, esperando que el interés de la cita justifique su extensión:

De la desorientación que existía en la cultura española hace unos diez años, puede dar una idea el modo en que se difundió entre nosotros el arte conceptual: la rápida aceptación que cosechó, y su no menos rápida caída sin pena ni gloria. El arte conceptual, que ya nos llegaba de América bastante averiado, tomó aquí —por lo general— un cariz político. Le ocurrió lo mismo que al pop, vulgarizado desde Valencia como *crónica de la realidad*. Las aleluyas político-conceptuales marcaron el comienzo del fin del reinado vanguardista. Sirvieron al menos para que acabáramos dándonos cuenta de que por aquel camino no se iba a ninguna parte (Bonet, 1981a: 13).

En ese momento, dice Bonet, cuatro pintores, Carlos Alcolea, Carlos Franco, Rafael Pérez Mínguez y Guillermo Pérez Villalta, hicieron su aparición sin complejos, reivindicando la pintura y su condición. Todo el texto, insisto, compone un relato oficializado, casi desde entonces, o puede que desde antes, pero me voy a limitar a reproducir el final:

En 1971, hubiera sido absurdo que el grupo de Amadís no expusiera en riguroso orden de combate. En 1981 todos sus miembros en activo, sientan o no la nostalgia de aquellos años heroicos, tienen conciencia de que hoy la frontera es otra, y de que es el conjunto de los buenos pintores de su generación, el que está interesado (con todos los matices que se quiera) por la causa por la que ellos combatían solitariamente hace diez años: recuperar la perdida dignidad de la pintura; desterrar de la pintura el aburrimiento; expresar al máximo nivel plástico una amplia gama de sentimientos, ideas o asuntos (Bonet, 1981b: 18).

Pepe Ribas, en sus interesantes memorias, se reconoce como parte de «una generación con mitos, pero sin maestros» (Ribas, 2008: 351). A este grupo de artistas parece ocurrirles lo mismo; componen los creadores de Madrid un colectivo algo difuso; son pintores autodidactas (algunos han hecho estudios de arquitectura) que coinciden en Madrid en los años setenta y a los que se les ha etiquetado como «Nueva Figuración Madrileña» y después como «Los esquizos de Madrid» (Carlos Alcolea, Nacho Criado, Carlos Franco, Luis Gordillo, Sigfrido Martín Begué, Herminio Molero, Luis Pérez Mínguez, Rafael Pérez Mínguez, Guillermo Pérez Villalta, Manolo Quejido y Javier Utray) (Escribano, López y Wert,

2009), un epígrafe menos académico pero mucho más gráfico, en una exposición que supuso su canonización definitiva (previa a un olvido relativo).

En realidad, no consiguieron la visibilidad de otras propuestas estéticas, seguramente atrapados por una historia que se aceleró en los años ochenta; eso pensaban, al menos, algunos de ellos:

> Yo creo que se nos debería llamar «los olvidados». Ni la generación anterior lo consintió, ni la siguiente lo comprendió [...]. La Movida lo que hizo fue banalizarlo, degradarlo [...] no se nos perdonó que de las tripas de aquellos años pudiera salir un grupo moderno, cosmopolita e independiente (Escribano, 2008: 42).

Son palabras de Javier Utray a María Escribano en una entrevista que se publicaría después de la muerte del singular artista. En términos parecidos se expresaba, en el contexto de una reflexión sobre la pintura de Juan Antonio Aguirre, Guillermo Pérez Villalta (1999: 43): «Qué poco se ha entendido esa pintura culta y placentera, compleja y gozosa por la que luchamos».

Es muy interesante la coincidencia de estas declaraciones que expresan un cierto nivel de frustración y dibujan un modelo que se define por la defensa de hábitos cosmopolitas y, especialmente, por su creencia en el placer de la pintura, que, como veremos, no será incompatible —todo lo contrario— con una intelectualización del hecho artístico. ¿Cuáles son las señas de identidad de estos olvidados que niegan con frecuencia su condición grupal? Podemos deducirlo, de nuevo, de las palabras de Utray, que delinean, en negativo, toda una educación sentimental:

> La figuración de COBRA era una porquería. En España estaba Cuixart y su grupo, que no tenían las cosas claras. Después estaba Guinovart, que me interesó al principio hasta que me di cuenta de que estaba en todas partes. Tàpies aburría a las ovejas. Picasso tenía una tendencia acotada, en la que no se podía entrar. Dalí a mí me parecía que pintaba con colores de monja. Después había una figuración francesa malísima y la abstracción parecía pintura rápida (Escribano, 2008: 45).

¿Lo que le interesaba? Kitaj, Duchamp, Cage, los objetos de Schwitters, *Impresiones de África,* de

Raymond Roussel, el *assemblage*. Se trata de un universo intelectual muy poco fatigado por entonces en España.

Trabajaron en un momento de crecimiento de una industria cultural que afrontaba el fin de la censura y la transición a la democracia como condiciones indispensables para una cierta democratización de la cultura (un proceso que empieza, de modo contradictorio, en 1966, con la Ley de Prensa de Fraga Iribarne). La historia de la Nueva Figuración Madrileña es, antes que nada, el intento, puede que imposible, de diferenciarse de la cultura de masas que lo invadía todo. Seguramente sea esta una de las claves del desencanto que manifestaban Utray y Pérez Villalta en las palabras citadas más arriba, pese a que consiguieron un alto nivel de visibilidad y contaron con un aparato crítico tan importante como bien situado. Hay que recordar aquí que «la cultura de masas ha sido siempre el subtexto oculto del proyecto modernista» (Huyssen, 2006: 94).

Añadamos, porque aparece con frecuencia en los textos críticos, la sistemática que enuncia Marcelin Pleynet (1978), que buscó otro modo de contar la historia del arte, con George Kubler entre sus referencias principales: los métodos de análisis antiautoritarios, las relaciones no jerárquicas, rizomáticas, la opción por el «esquizoanálisis» que recomendaban Deleuze y Guattari (2006) o los ataques a la línea de flotación de la escritura hegeliana que planteaba Derrida (2001 [1978]). Algunos de estos autores se encuentran en el magma izquierdista en que se mueve el grupo abstracto Trama, seguidores del francés Support-Surface y que contaron con las simpatías de Antoni Tàpies, a diferencia de los conceptuales políticos del Grup de Treball.

Queda como imagen de referencia de los «esquizos», casi desde el momento en que se pintó, un precoz y enigmático retrato de grupo que reúne a pintores y críticos y reclama un minucioso análisis iconológico. Evoca, casi de modo inevitable y al mismo tiempo, la pintura de historia, las propuestas manieristas y el mundo de *Valori Plastici;* se trata de *Grupo de personas en un atrio* o *Alegoría del arte y de la vida,* de Guillermo Pérez Villalta, un artista que desempolvó asuntos como la vigencia de una estética mediterránea y utilizó insistentemente la mitología en su pintura Quizá sea de utilidad recordar la lista de componentes: Luis Gordillo, Carlos Alcolea, Juan Antonio Aguirre, Luis Pérez Mínguez, Carlos Franco, Juan Manuel Bonet, Javier Utray, Manolo Quejido, Rafael Pérez Mínguez, Marisol García, Luciano Martín, Herminio Molero, Guillermo Pérez Villalta, Chema Cobo, María M. Garrido, A. Raya, Mercedes Buades, Nano Durán, G. Kirby, José Luis Barrionuevo, Javier Pérez de Ayala y Fernando Huici.

A Juan Antonio Aguirre le entusiasmó el cuadro:

> Cuando se historie el arte español que ahora vivimos va a ser imposible prescindir de esta joya iconográfica. Es como una «Señoritas de Avignon» neo-renacentista, neo-manierista y neo-moderna, además de la foto de un libro de historia. O sea el índice de un espíritu que marca la pauta de otra época y de otro espíritu (Aguirre, 1976).

La pintura era, según Aguirre, un testimonio de los años en que «en la universidad se dejó de leer *Mundo Obrero* y llegó la locura» (Aguirre, 1991: 61). Nada parece casual en este cuadro enigmático en que los personajes parecen situarse fuera del tiempo (no da la impresión de que estén hablando de organizar una bienal, como se ha dicho en alguna ocasión), en actitudes diferentes, siempre reposadas, aunque no falte algún guiño: Javier Utray, por ejemplo, señala una maqueta de Villa Rotonda, de Andrea Palladio. Ignacio Gómez de Liaño (2016: 27-28), en un escrito minucioso (como todos los suyos), compara las actitudes de los personajes del cuadro con las más dinámicas de *Grupo de personas en una calle a la salida de un concierto de rock,* del mismo autor y de 1979. El escritor señala también la falta de vigencia, en 1979, de la polémica entre pintura abstracta y figurativa.

El *Grupo de personas en un atrio* parece seguir los consejos de Leonardo: «Debe reynar la variedad en todo, hasta en los trages, sus colores, pero arreglado siempre a las circunstancias de la historia» (Vinci, 1985: 44). El problema, aquí, es saber cuáles son las circunstancias de una historia que parece encubrir otras muchas, pero entre las que no parece fácil encontrar el carácter festivo que se ha señalado alguna vez (Navarro, 1977). Me parece que tiene mucho sentido leer el cuadro (y al grupo) como una suma de historias parciales, como una imagen consciente de «crisis de la vanguardia» (Huici, 1982), al contrario que *Au rendez-vous des amis,* de Max Ernst, o que la fotografía que Nina Leen hizo, en 1951, a *Los irascibles*.

Las palabras y la comparación, algo atrevida, de Aguirre encontraron una viva respuesta en *Batik,* la revista que dirigía Daniel Giralt Miracle desde Barcelona y que sería escenario de importantes polémicas. Desde allí Francisco Rivas discrepaba muy seriamente de las palabras de Aguirre, sobre todo de la idea de generación; más bien, decía, se trata de un grupo más o menos disperso que hizo un intento fallido de agrupamiento en Buades, después de que se les diera a conocer en la Galería Amadís, que dirigía el propio Aguirre, un grupo diferenciado en todo caso. Pero para Rivas la exposición era fallida: «La mano del autor, en este caso, se ha quedado muy por detrás de su cabeza» (Rivas, 1976). Por su parte, Juan Manuel Bonet habló de un «debate generacional» abierto por el cuadro, en el que, al parecer, uno de los problemas es quién está y quién no: «Aquellas fuerzas que trabajan nuestra época, las encontramos, sí, en Alcolea, Gordillo o Quejido, pero también en Zaj, en Navarro Baldeweg, en Eva Lootz, en Torres, en Broto. No tiene sentido excluir a nadie en nombre del manierismo» (Bonet, 1976).

Cambiar los modelos

¿Una alternativa al arte conceptual y al informalismo? ¿A los realismos políticos? Así debería leerse. En 1980, el informalismo no terminaba de irse; lo prueba, entre otras cosas, el hecho de que aquel año se celebró en Madrid la primera exposición antológica de Antonio Saura, mal recibida por Juan Antonio Aguirre, que escribió que «el buen arte de bofetada a una anónima burguesía ya no le interesa ni a la moda ni a nadie [...] que si hay una nada existencial, lo que tiene que hacer la pintura es llenar el espacio vacío con color» (Aguirre, 1980a: 9). En realidad, el crítico venía afirmando el definitivo relevo del informalismo desde 1969 (ya lo hemos visto), pero la pintura abstracta mantenía cierta presencia en el terreno de la promoción artística (los críticos reclamaron un cambio de modelo en muchas ocasiones), en la que los éxitos españoles en São Paulo y Venecia en 1957 y 1958, y sus epígonos posteriores, funcionaban como arquetipos.

Solo así puede entenderse que en el catálogo de *New Images from Spain,* exposición comisariada por

Margit Rowell e inaugurada, en 1980, en el Museo Guggenheim de Nueva York, se dedicara un espacio nada desdeñable a evocar *New Spanish Painting and Scupture,* celebrada en 1960 en el MoMA, tanto que parecía establecerse una continuidad entre una y otra, buscando un cierto exotismo (la baza de lo exótico fue siempre primordial en la promoción del arte español, salvo en los años en que la efímera Segunda República decidió exportar modernidad). Rowell había eludido seleccionar para su exposición a Gordillo, Alcolea, Quejido y Carlos Franco porque le recordaban a ciertos artistas de Chicago, como Westermann, Nutt o Paschke (González García, 1981), lo que no ocurría con Guillermo Pérez Villalta, que figuraba, a su pesar («yo no tengo nada que ver con esa gente»), bajo el epígrafe de *post-modern painting.* El resto de los artistas eran Sergi Aguilar, Carmen Calvo, Teresa Gancedo, Antoni Muntadas, German Serrán, Miquel Navarro, Jordi Teixidor, Darío Villalba y Alberto Porta-Zush. Que la vigencia del informalismo se prolongó en el tiempo lo demuestra el hecho de que, en 1993, Tàpies volvió a representar a España en la Bienal de Venecia; lo hizo junto a Cristina Iglesias.

Puede que Margit Rowell, cuando hizo su selección, pensara algo parecido a lo que, años después, escribiría en la joven revista *Lápiz* (había nacido en 1981, como ARCO) Javier Olivares: la pintura de Pérez Villalta «puede catalogarse como netamente española, pese a moverse en unas líneas que también funcionan internacionalmente. Pero no es la España negra la que aparece en sus pinturas, sino la del sur, la vecina de África» (Olivares, 1984a: 47); no hay que descartar que el crítico estuviese sugiriendo ese cambio de modelo promocional, pero sostenía también la necesidad de una afirmación identitaria en el ámbito de la promoción artística; puede que no diera tiempo a llevarlo a cabo, ya que hubo un salto generacional que Juan Muñoz explicó de un modo muy gráfico:

> Estaba todo el mundo tranquilo, esperando que le llegara el ascenso que por antigüedad le iba a corresponder en el escalafón, cuando de pronto aparece Miquel Barceló, el chico de la moto, y les pega a todos una pasada que los deja alucinados, sin saber qué ha ocurrido (Marzo, 1995).

A partir de ahí la idea de generación pasa a segundo plano, y las exposiciones suelen reunir a grupos heterogéneos.

Cambiar las políticas

La década había empezado, ya lo hemos visto, con una llamada más bien estruendosa a un arte no político, y así continuaría en la siguiente con exposiciones polémicas y bien conocidas como *1980* o *Madrid DF.* Juan Antonio Aguirre aportó otra posible seña de identidad: «La generación que hablamos como a partir de 1980 [...] se enfrenta claramente al arte conceptual, verdadero derroche de chorradas. Dentro de la vanguardia no estaba de moda pintar» (Aguirre, 1985). En 1977 se había celebrado en Santander el curso *La vanguardia artística: mito y realidad* (ya se sabe que, desde 1953, los cursos de La Magdalena poseen una gran relevancia en los desarrollos del arte español), cuando todo el país, una parte importante del mundo del arte, al menos, se encontraba bajo el impacto de los resultados de las elecciones legislativas celebradas solo un mes antes, en las que el voto a la izquierda comunista había sido muy escaso y además podía intuirse el asentamiento de un modelo político casi bipartidista, pues las organizaciones a la izquierda del PCE no obtuvieron ningún tipo de representación. Juan Manuel Bonet, participante en el curso y cronista del mismo, señaló «la fractura de las posiciones sociologistas» (Bonet, 1977) como una de las principales conclusiones del curso.

Otros testigos han hablado del asunto. Juan Antonio Ramírez ha considerado crucial ese debate que ganaron los partidarios de la «nueva pintura», defendida incondicionalmente desde importantes plataformas mediáticas como *El País:*

> La consecuencia principal de aquella victoria fue que el clima cultural español se volvió irrespirable para todas las formas de arte político y conceptual, o para los «nuevos comportamientos» en general, muchos de cuyos cultivadores se refugiaron en actividades privadas o se marcharon fuera del país (a Nueva York, fundamentalmente) (Ramírez, 2007: 93).

Hoy se sabe bien que la década siguiente, bajo el signo del desencanto, resultó extraordinariamente politizada: hubo un intento de golpe de Estado en España, se celebró un referéndum que decidió la permanencia del país en la OTAN y se produjo la integración definitiva en la Unión Europea; además cayó el Muro de Berlín, Ronald Reagan inauguró una época neoconservadora, hizo su aparición el sida y hubo un repunte del arte activista al que los aparatos mediáticos españoles no prestaron excesiva atención. La crítica solo parecía tener ojos para la pintura (Rivas, 2011a [1979]), que aparece como el arte más relevante y que, al fin, fue el más rentable (López Cuenca, 2004).

El texto citado de Rivas y otro de 1983, de Rafael Agredano, que se publicó en el primer número de la revista *Figura,* podrían servir para enmarcar toda esta coyuntura. Del primero, que contesta otro, en tono muy polémico, de Victoria Combalía sobre la exposición *1980,* me referiré sobre todo a los planteamientos teóricos, porque Rivas defiende la pintura y la mirada y, como alternativa a los métodos que van de lo formal a lo estructural, el eclecticismo en una crítica que en ningún caso debería ser aburrida: «Atraviesa la erudición [...] atraviesa la Historia [y debería ejercer un gran] poder de acción»

(Rivas, 2011a [1979]: 27), una crítica que no pierda de vista la obra escrita de Charles Baudelaire o Paul Valéry. Para dar una idea del ambiente del momento, diremos que el artículo de Rivas apareció en «Sábado Literario», suplemento cultural del diario *Pueblo* del 17 de noviembre de 1979, en un contexto en el que se saludaba la exposición *1980,* como hacían Federico Jiménez Losantos y Santos Amestoy. Juan Manuel Bonet afirmaba la necesidad de la exposición y la certificación del final del arte de los sesenta, que dividía en cuatro categorías: «agobiados, políticos, eróticos y tecnológicos» (Bonet, 1979: 1), idea que provocó una airada respuesta de Tomás Llorens. El suplemento incluía un artículo sobre la actualidad de Eugenio d'Ors, otro sobre Pleynet de Javier Rubio y otro de Andrés Trapiello a favor de una pintura no política.

El texto de Agredano es, de nuevo, una reivindicación de la pintura frente a otras prácticas artísticas como las de Janis Kounellis y sus críticas al mercado: «Habría que devolverle esa sensación simple y feliz que es el acto de crear» (Agredano, 2012 [1983]: 68) y, además, olvidar la idea de compromiso («olvidémonos de los compromisos sociales de la pintura») y, como decían los teóricos de *1980,* estimular el mercado.

En los setenta hubo iniciativas que quedaron en el olvido más absoluto pero cuyo recuerdo se ha avivado recientemente, coincidiendo con el olvido definitivo de la pintura, como la familia Lavapiés, que consiguió una cierta visibilidad y una temprana desautorización por parte de Juan Manuel Bonet, que en 1975 escribía: «Que el arte es una mercancía es algo sabido desde hace muchos años: desde que como cualquier otra parcela de la producción de bienes ha sido sometida a las leyes de la producción capitalista» (Vindel, 2019: 98).

Marcelin Pleynet, que fue todo un pilar teórico en este momento, también estuvo en Santander en 1977; habló allí de la imposibilidad de explicar el genio de Matisse (tan querido por artistas como Carlos Alcolea o por críticos como Ángel González) utilizando métodos históricos. Habló también de Cézanne: «La obra de Cézanne, en mi opinión, subraya lo que podría definir toda la modernidad, a saber, la evidenciación del sistema que constituye la posición de un sujeto en estado de análisis y de interpretación de su relación con el todo social»

(Pleynet, 1978: 16). No está muy lejos de la reflexión que propuso Ángel González en un importante texto sobre Carlos Alcolea que comentaremos después y en el que, como «amarga certeza» del pintor, explica que «la "modernidad" no constituía una tradición, y lo que ello implica; una sucesión de maestros y discípulos, sino una nebulosa de complicidades, donde a duras penas podían reconocerse la Constelación del Gorila o la Constelación del Hongo» (González García, 1998: 28). Al fin, lo que queda es un grupo de náufragos aprendiendo a nadar o haciéndose el muerto, como recomendaba Carlos Alcolea en un libro del que hablaremos más adelante.

ESPACIOS PARA LA PINTURA

¿Solo eso? La verdad es que hubo un aparato crítico considerable en torno a estos pintores que representaron la modernidad tardía en España, ¿o fue solo en Madrid? Con ocasión del gran *collage* que fue la exposición *Madrid, Madrid, Madrid 1974-84,* se repitió algo que, a la altura de 1984, parece una consigna:

El arte de la década tiene dos grandes hitos *(1980* y *Madrid D. F.)* [...]. En estas dos exposiciones, tres críticos de arte (J. M. Bonet, F. Rivas y A. González) mantuvieron una encendida apuesta [...] al estilo de la que fuera lanzaran Pleynet, Rose, Barr y, dentro, el recordado d'Ors en sus salones de los Once (Olivares, 1984b: 68).

Pero la exposición, que mezclaba música, fotografía, moda y pintura, afirmaba una cierta convergencia entre las artes que parecía querer desmentir la condición de la pintura como alta cultura que defendían artistas y críticos.

En el terreno de la crítica y de la práctica pictórica, el pop fue solo un punto de partida (y una referencia erudita, a veces), el instrumento que utilizó Gordillo para abandonar dolorosamente la vanguardia abstracta, para hibridar la pintura con la fotografía y, como él mismo decía, enfriar las imágenes; es el inicio de un proceso en el que «la recuperación del cuadro acaba por centrarse en la reivindicación de la representación» (González de Aledo, 1986: 162), como concepto, añadiríamos. Se parte del pop para establecer una separación radical, que parece imposible en la práctica, con la industria cultural, una afirmación de la exclusividad de la pintura que desemboca en un eclecticismo que se alimenta de «autoconciencia histórica» (González García, 1980) y desemboca en un modo de realismo, un término que, como el de pop, sufre un interesante proceso de transformación en este momento; «realismo» perderá su tradicional sentido político, equiparándose a *pintura figurativa,* y «pop» acabará incluyendo las manifestaciones de arte político. Fernando Huici incluirá, en 1989, al Equipo Crónica y a Eduardo Arroyo en «las vertientes más críticas de la familia pop» (Huici, 2000: 249). No hay otra forma de situarse al margen de la vanguardia y de la historia.

«Vuelve a existir un espacio cultural propicio para la pintura» (Bonet, 1981b). También lo creía Luis Gordillo, que, dos años después, hacía una interesante caracterización de la época: «Ni clasicismo, ni maduro eclecticismo, dicen que ni vanguardismo, pero ¡qué hermosa época para pintar un cuadro!» (Gordillo, 1999a [1983]: 155). Ya integrada en los circuitos internacionales, España era destino de múltiples exposiciones de pintura que paseaban por Europa (neoexpresionismo, transvanguardia), seguramente porque, como decían Ángel González (1979), Juan Manuel Bonet y Francisco Rivas, «las crisis solo son superadas excitando el mercado. Provocándolo si es necesario». En el catálogo de *Un nuevo espíritu en la pintura,* que no pasó por España y sobre la que en nuestro país se lamentó la ausencia de artistas españoles, excepto Picasso, Christos Joachimides explicaba el regreso de la pintura asegurando que «cuanto mayor parecía la inseguridad del futuro material del individuo, más atractivos resultaban los consuelos de la imaginación» (Joachimides, 2000). En 1984, el comisario organizó *Origen y visión. Nueva pintura alemana;* ambiguo, escurridizo, Joachimides hablaba en sus entrevistas de Adenauer como el nuevo Bismarck y como autor de la idea de Europa como sueño místico; de Herzog y de Fassbinder. La historia (del arte) no es un continuo, decía Joachimides, sino algo más dialéctico:

Entre reducciones formales estrictas y explosiones dionisíacas [...] es precisamente ese tipo de tensión dialéctica el que permite entender el arte de los ochenta, allí donde el diálogo con el pasado es algo mucho más fundamental para el desarrollo del arte que aquella angustia característica de los sesenta, empeñada siempre en la búsqueda de algo nuevo, un impulso que puede ser esencial para la alta costura, pero no para el arte.

Toda una afirmación de alta cultura en la España de los ochenta (Huici, 1984).

«Bateau ivre» («Barco ebrio»), título de un bello poema de Arthur Rimbaud y el lema que Rudi Fusch barajó, y descartó, para la Documenta de Kassel de 1982, parecía aludir a la pluralidad más que a la carencia de argumentos. Beuys, los neoexpresionistas alemanes, Barceló, Basquiat, contribuyeron a dar una imagen plural de la Documenta que, al parecer, pretendía enfrentar, o yuxtaponer, las expresiones artísticas internacionales y las autóctonas. El lema, que tuvo cierto éxito en España, podía representar la falta de futuro y el final de la vanguardia, aunque, en esta confusión aparente, el destino de las miradas de la crítica era la pintura (Calvo Serraller, 1984b).

Lo utilizó Simón Marchán (1984) en un escrito en el que definía las actitudes posmodernas como posiciones críticas frente a las manifestaciones más nítidamente ideológicas de la modernidad: «Si con lo postmoderno no se clausura la modernidad, sí parecen volatilizarse los vapores ideológicos de la más ortodoxa». Una cita de «Bateau ivre» abre el texto citado, que, con el título «Epílogo sobre la sensibilidad posmoderna», Simón Marchán añadió en 1985 a la nueva edición de su libro *Del arte objetual al arte de concepto;* si el libro resulta de una gran utilidad para intuir la escena de los años setenta, el «Epílogo...» (que podemos considerar un ejemplo de compromiso con el presente por su inmediatez) describe con exactitud algunos aspectos de la situación de la década siguiente: eclecticismo (entendido como coexistencia ¿pacífica? entre abstracción, figuraciones expresionistas, visiones cultas del pop, neomanierismos) y tardía autoconciencia de la modernidad en el interior de un país en el que faltaba la tradición de lo nuevo (estaba creándose en Madrid, donde, en los primeros meses de 1984. podían verse, sin solución de continuidad, una intensa exposición de Cézanne y otra, bastante exhaustiva, de Duchamp). Más partidario de hablar, como Habermas, de una «modernidad inconclusa».

Marchán proponía una reconstrucción de la genealogía de lo moderno para entender y establecer su diversidad y comprobar la existencia, como ha hecho recientemente Antoine Compagnon, de una modernidad escéptica e, incluso, antimoderna. No faltan, en el texto, alusiones al empeño de analizar y describir la institución arte por los círculos conceptuales o los pintores y teóricos de Support-Surface ya en el tiempo de la neovanguardia y el proceso de descrédito de las vanguardias, un tema de la década anterior. El debate entre nuevos y viejos medios, base de la agria polémica del curso mencionado, *La vanguardia artística: mito y realidad,* nos conduce al discurso de Walter Benjamin en *La obra de arte en la época de su reproductibilidad técnica,* su texto más citado. La condición posmoderna destaca por primar la interpretación, «por su carácter hermenéutico» (Marchán, 1984: 19). Es evidente que la crítica más vinculada a la Nueva Figuración hizo un escasísimo uso de la hermenéutica.

Nuestro arte no acaba de encontrar [sus señas de identidad], sospecho que estamos pagando los tributos de una pesada herencia: la tardía autoconsciencia de la modernidad en el interior del país o las bruscas interrupciones con la misma (Marchán, 1985: 323).

Leo Castelli, que en febrero de 1985 estaba en Madrid con Robert Rauschenberg, con motivo de su exposición en la Fundación Juan March, describía una situación menos confusa:

> España, por lo que se ve, es un lugar donde se nota mucha actividad en los últimos años. Es realmente maravilloso lo que sucede aquí, hay gente buena no solo entre los artistas, sino entre los que realizan otras actividades como grandes exposiciones y ferias de arte (Jarque, 1985).

Tenía razón Leo Castelli: habían aumentado la visibilidad del sistema de las artes y una euforia que se revelaría, para algunos, vacía. La influencia de los críticos creció porque empezaron a compatibilizar esa condición con la de comisarios de exposición. Juan Manuel Bonet, Ángel González y Francisco Rivas subrayaron la importancia de que los críticos, en lugar de firmar prólogos, firmaran exposiciones, y de que estas, en vez de contar la historia, la generaran, aparecieran como apuestas de futuro: «Es necesario dar pasos adelante y arriesgarse» (Bonet, 1979). El arte fue haciéndose más visible, su territorio se fue ampliando y algunas historias ocultas quedaron al descubierto.

Pero junto con la polémica apuesta por el arte joven, los ochenta son años de canonización definitiva del informalismo en un contexto de revisión de la historia del arte español que ahora parece poner énfasis en las aportaciones de nuestro país al contexto occidental. Exposiciones como *El siglo de Picasso,* celebrada en 1988 y organizada por Tomás Llorens y Francisco Calvo Serraller para promover el arte español fuera de España, son bien elocuentes en este sentido. Es una narrativa (maestra) que, en primer lugar, refuerza algunas de las tesis de la aportación española a la Bienal de Venecia de 1976 y el libro que hizo las veces de catálogo de la misma, *España, vanguardia artística y realidad social,* que se convertiría en un verdadero hito historiográfico. *El siglo de Picasso* reafirma la especificidad del arte español desde el Barroco, su vocación anticlásica, y lee el arte abstracto que se hizo en el franquismo como un modo de restitución de la modernidad y, al mismo tiempo, como la reconstrucción de una vanguardia de claras raíces vernáculas. Algo que los pintores de la Nueva Figuración y los de Trama no veían del todo claro, por decirlo de manera suave.

En ocasiones se reafirmó esa continuidad que Margit Rowell parecía sugerir en el catálogo que hemos mencionado; quienes proclamaban la necesidad de que «España recupere el tren de la historia» (Ait, 2007: 227) debieron de sorprenderse, cuando menos, al leer las palabras que Gregory G. Knight escribió en el catálogo de *Época nueva. Painting and Sculpture form Spain* (Txomin Badiola, José Manuel Broto, Chema Cobo, Ferrán García Sevilla, María Gómez, Francisco Leiro, Miquel Navarro, José María Sicilia, Susana Solano y Juan Uslé), itinerante por Estados Unidos en 1988 y 1989; Knight recomendaba que no se trazase una línea divisoria en al año 1975, porque

en realidad muchos de los cambios habían comenzado ya en los últimos años del régimen de Franco. Él fue el introductor de lo que se ha llamado la proto-modernización de España, aunque el amplio arco descrito por el péndulo de la historia ha terminado metiendo de cabeza a España en la moderna comunidad europea (Knight, 1988).

En la práctica (y el ejemplo de Tàpies en la Bienal es ilustrativo) hubo cierta continuidad.

MIRANDO (DE LEJOS) LA MOVIDA

La exposición *Madrid, Madrid, Madrid (1974-1984)*, inaugurada en junio de 1984 en el Centro Cultural de la Villa de Madrid y comisariada por Quico Rivas, uno de los críticos más importantes del entorno de los artistas neofigurativos, tiene como objetivo principal dar noticia de la efervescencia cultural de Madrid en esos años, pero es también un intento de abordar la historia de la industria cultural madrileña como historia del arte, algo que la disciplina propondría en la década anterior (Ramírez, 1976, es, probablemente, el ejemplo principal, pero no el único).

Nunca llegó a imprimirse el catálogo, que en su concepción era bastante ambicioso, pero existe una maqueta de este que puede darnos una idea de la exposición: la moda, el diseño y la música ocupan un lugar fundamental. Los textos más o menos alternativos (fragmentos de canciones del grupo La Mode, por ejemplo) se combinan con otros más académicos, como el de Antón Capitel sobre las transformaciones arquitectónicas del Paseo de la Castellana de Madrid. La exposición representa el magma cultural en que se mueven los pintores neo-figurativos de Madrid, que, en efecto, llevaron a cabo una intelectualización del hecho artístico, una afirmación de la alta pintura que, en ocasiones, tiene como argumento la representación de esta cultura de masas. El caso de *Grupo de personas saliendo de un concierto de rock,* de Guillermo Pérez Villalta, las alusiones al cómic en la pintura de Herminio Mole-ro (que también dibujó cómics) o de Luis Gordillo, las referencias mitológicas del propio Pérez Villalta o de Carlos Franco o los ejercicios de erudición de Carlos Alcolea son muy elocuentes al respecto. Pare-cen mirar a un pop muy concreto, como el de David Hockney, tan apreciado en la época. Y parecen que-rer dejar clara la preponderancia de la pintura sobre cualquier otra manifestación artística.

Veamos algunos ejemplos del catálogo mencionado: un fragmento de un texto de Herminio Molero que es un canto a la moda y que, en ese sentido, da idea de la condición interdisciplinar de su autor; una cita de Alberto Corazón, procedente del diario *El País,* que aparece como un elogio del (alto) diseño porque se ilustra con portadas de libros creadas por el autor del texto, *Una temporada en el infierno,* de Rimbaud, *Estudios semiológicos (la lectura de la imagen),* de Louis Marin (¿una propuesta de lectura para la propia exposición?), y *Poemas manzanas,* de James Joyce; el «Manifiesto de la Quinta generación», firmado por Carlos Serrano y Pablo Pérez Mínguez en 1977, que reivindica la base cultural de la fotografía, complementario de otro rubricado por el segundo de los autores que afirma la importancia de la opción personal y autobiográfica en fotografía; un artículo muy citado de *La Luna de Madrid* sobre la posmodernidad, escrito en 1984, que habla básicamente de la aceleración de la historia en Madrid en los últimos dos años; insertaré aquí una interesante reflexión de Borja Casani: «En *La Luna* se escrutaba el momento y se lanzaban signos de futuro que, efectivamente, se convertían en futuro por el mero hecho de indagar en ellos» (Casani en Gallero, 1991: 73). Este fue el papel de la crítica también. El artículo mencionado planteaba la posmodernidad como una buena nueva para Madrid, donde el nuevo espíritu, definido por «una actitud desenfadada, jovial, curiosa y escéptica» (Casani y Tono Martínez, 1983), superaba a la vanguardia estrecha y colapsada e invadía la ciudad. Unas palabras que deberían relacionarse con otro editorial que publicó la revista en 1985, un título que se ha citado repetidamente, «La vanguardia es el mercado», y que funcionó como una consigna en la época, como venimos viendo.

Una página reivindicativa del Rastro madrileño es absolutamente significativa, con citas procedentes de *Ajoblanco, Star* y *El País*. Hay una entrevista, bien provocadora, con Alaska: «Yo iba por casa diciendo: "Mamá, quiero ser chico para ser maricón"» (Alaska, 1982), un texto sobre Zaj, un fragmento de las memorias de Luis Buñuel y una gran atención a los nuevos diseñadores de moda. Esa mezcla que ha compuesto la cultura occidental desde el nacimiento del pop (Pardo, 2007), o desde antes, y que, en el caso de la exposición, quiere afirmar el potencial del Madrid de la democracia. La idea que pretende divulgar la muestra es la de que en Madrid, entre 1974 y 1984, ha habido una explosión artística y cultural que desemboca en la Movida. Así que los mecanismos de autoconstrucción funcionaron desde muy pronto.

Los pintores figurativos se desmarcan absolutamente, y con razón, de la cultura de masas como algo que amenaza con fagocitarles, que resulta perfectamente manipulable (Iglesia, 2006; Ruiz, 2016) y que rendirá grandes beneficios al poder político, que canalizará en parte una cultura *underground* que irá emergiendo desde los últimos años del franquismo (Carmona, 2009). Algunos pintores neofigurativos estarán cerca (Herminio Molero), pero, como venimos diciendo, sus intereses intelectuales son más amplios.

Finalmente, establecen con la Movida una relación parecida a la que formuló Clement Greenberg entre la vanguardia y el *kitsch,* un poderoso argumento en la construcción de la historia del arte de la segunda mitad del xx que, como casi todo, llegaría tarde a España. Merece la pena recordar las agudas reflexiones de Groys acerca de cómo el texto de Greenberg tiene la virtud de colocar la vanguardia en línea con la tradición, en un escrito que parece dirigido a los consumidores (compradores) de arte de vanguardia (Groys, 2016). Más explícito, aunque en la misma órbita, ha sido Ignacio Gómez de Liaño:

> También estaba cerca la Movida que, a partir de 1982 y en medio de la trivialización más folletinesca y la politización más plebeya, sustentada por uno de los artistas menores que se había colado en las grietas de la experimentación y la nueva formalidad, arrasó —como un nuevo Atila—, desfiguró, chupó lo mejor que había alumbrado la estética de aquellos años, o sea, del periodo iniciado en torno a 1972, cuando un grupo de artistas-poetas-filósofos trataron de conciliar la fiebre de la «experimentación» con los rigores de la «formalidad», el fuego de la Vanguardia con los hielos de la Tradición, la figura con el concepto y se lanzaron a la aventura de buscar una extraña y nunca vista armonía de contrarios (Gómez de Liaño, 2009: 91).

Jaime Aledo ha enumerado los principios que definen al grupo: *pluriestilismo* como método de afirmación individual (lo que viene a cuestionar, de modo suave, la propia condición de grupo), la práctica del pop (Hockney, Kitaj) como punto de partida que conduce a una actitud ecléctica, la recuperación de la pintura (amenazada por las prácticas conceptuales) y la superación de la vanguardia (el pop, de nuevo, había proclamado, por múltiples vías, la pérdida de vigencia de la vanguardia). Carlos Alcolea, explica Aledo, «ha negado [la condición de la vanguardia] como dispositivo de poder que configura ideológicamente la historia del arte». Por su parte, Guillermo Pérez Villalta negaría «el carácter progresivo de la sucesión de movimientos» (González de Aledo, 1987: 155), aunque estas ideas estaban ya presentes en la historia del arte del momento; las citas resultan verdaderamente útiles para calibrar las opciones historiográficas de los artistas y, sobre todo, para comprobar que las hay. El cuarto principio que menciona Aledo es la idea del cuadro como acontecimiento, que enlazaría con la prioridad que el arte de los años sesenta da al proceso, pero también con la tradición del Renacimiento, con el placer de la pintura o, más bien, de la mirada a la pintura, esto es, el deseo que llevaba a Carlos Alcolea a contemplar la *Pietà* de Tiziano, en la Galería de la Academia, y a leer obsesivamente las palabras de Palma el Joven al pie del cuadro: «Lo que Tiziano dejó comenzado, Palma terminó respetuosamente y a Dios dedicó la obra» (González García, 1998: 17).

El retorno de la pintura (que realmente en España nunca se fue, y puede que no lo hiciera en ningún sitio, al menos no más allá de un teórico segundo plano) tendría que ver, explica Aledo, con el fin del arte social, del estructuralismo y del marxismo. Por otra parte, la obra de Gordillo plantea un acercamiento a la cultura de masas desde actitudes intelectuales, aunque también a la alta pintura: «En el fondo, lo que pretendía era hacer un cuadro figurativo con el color de Stella» (Gordillo, 1978, en González de Aledo, 1987: 61). La declaración de Gordillo confirma otra, algo anterior, de Guillermo Pérez Villalta: «[Nos unía] un cierto manierismo con respecto a las vanguardias inmediatamente anteriores» (Pérez Villalta, 1976: s.p.). El gusto por la abstracción pospictórica, por Stella y Olitski, entre otros, queda muy claro, no importa que la pintura sea decorativa, toda lo es, en realidad; lo que cuestiona González es el sentido liberador, revolucionario, de la pintura abstracta, los razonamientos de justificación por la tradición del informalismo español y —esto resulta extremadamente interesante— su facilidad para convertirse en pintura religiosa (González García, 2009a).

FIRMAR EXPOSICIONES

El principal indicio de (auto)afirmación grupal está en la exposición *Madrid DF,* celebrada en el Museo Municipal (hoy Museo de Arte Contemporáneo) de Madrid en los meses de octubre y noviembre de 1980, organizada por Juan Manuel Bonet y Chiqui Abril y cuyo catálogo merece un análisis reposado (VV.AA., 1980; Bonet, 1981a). Se trata de un conjunto de textos muy conocidos, bastante citados y complementarios entre sí. Es el siguiente episodio después de la exposición *1980,* celebrada en noviembre de 1979 y para la que Ángel González, Juan Manuel Bonet y Francisco Rivas firmarán un manifiesto que reivindica un nuevo tipo de crítico que firme exposiciones en lugar de prólogos, que estimule el mercado y que tome partido activo en el sistema del arte. En 1983, la revista *Lápiz* publicará unas declaraciones de Achile Bonito Oliva (una figura prototípica) donde afirma que los críticos deben ser exégetas, promotores y publicistas: «Cuando se habla de arte debe hablarse de un sistema del arte. La obra de arte no existe por sí, vive de un sistema de relaciones: obra, público, crítica, mercado y museo» (Guzner, 1983: 60). En alguna ocasión ha reconocido Juan Manuel Bonet actitudes semejantes entre la transvanguardia y los neofigurativos: «Antes de la transvanguardia, Pérez Villalta reivindicaba a De Chirico» (Bonet, 1991: 23). La transvanguardia presupone la desaparición de la vanguardia por incomparencencia; recupera las actitudes manieristas: «La "ideología del traidor" alienta la propuesta manierista, en el arte y en otros campos de la creación cultural y científica, una ideología que privilegia la lateralidad y la ambigüedad» (Bonito, 2000: 36).

El catálogo de *Madrid DF* se abre con un texto de Ángel González que propongo leer como un manual de instrucciones para escribir la historia del arte español desde la posguerra, más allá de su intención primera (o por eso mismo) de dibujar un contexto para los artistas de la exposición (González García, 1980). No sería la primera vez que el historiador tomase posición en este sentido (Calvo Serraller y González García, 1976). No es que González niegue la muerte de la vanguardia, es que, afirma, siempre se está muriendo, como el arte («Parece que nadie reivindica ya para sí la vanguardia», escribía Pere Portabella en 1979 y recuerda en 2017, en otro intento de articular la historia reciente del arte español [Portabella, 2017], muy diferente al que comentamos pero que no está de más tener en cuenta); de todos los venenos, el más inocuo es el eclecticismo, que viene con la posmodernidad en arquitectura teorizada por Charles Jenks, aunque, dice González, «el fantasma del eclecticismo recorre todo el arte moderno» (González García, 1980), toda una visión manierista de la (neo)vanguardia. A los años sesenta, de «moralina sociológica» y extinción del informalismo (una consideración más bien exagerada) a manos de sus críticos, sucede la propuesta de Juan Antonio Aguirre de *Nueva Generación,* donde se defiende el eclecticismo que lleva directamente a un camino por el que andar «a la manera antigua», aunque sin perder de vista las propuestas de Support-Surface y, por supuesto, el arte americano (del expresionismo a la abstracción pospictórica), todo ello pese a que la síntesis que pretendía Aguirre se demostró imposible (la idea de búsqueda de un estilo está muy presente en *Arte último*); no falta una alusión a los Encuentros de Pamplona y otra, interesantísima, al grupo Trama o, mejor, a una cita de Tàpies acotada por los pintores del grupo: «atrevernos a hablar de los que nos han mostrado el camino», a hablar de pintura, esta es la propuesta fundamental de González.

Es una historia conscientemente alternativa a la que surgió de la extraña aportación española a la Bienal de Venecia de 1976, que tuvo una gran fortuna y que, como se sabe, trata de desvelar el antifranquismo (escondido en algunas ocasiones) de la vanguardia interior. Pero los artistas neofigurativos están fuera de la vanguardia y del antifranquismo, porque consideran que los dos están acabados; por lo demás, reivindican la pintura, pero al mismo tiempo, asumen los episodios artísticos que la niegan. Solo desde el eclecticismo, desde la apertura de horizontes que da situarse en la posvanguardia, puede entenderse la afinidad electiva de Carlos Alcolea o de Javier Utray con Duchamp o con algunos episodios del arte conceptual. Al tiempo, ponen al descubierto una historia escamoteada, la que va de Cézanne a Duchamp, y prefieren la pintura de Matisse a la de Picasso: «A juzgar por lo que uno puede leer en la colección de "Documentos y testimonios" sobre el arte español de posguerra reunido por Aguilera Cerni, se diría que la vanguardia apareció entre nosotros como por ensalmo, soltera y vegetariana» (González García, 1980); solo la ampliación del foco, la inclusión del parergon, puede llevar a la verdad en pintura y, de paso, hacer añicos la narración oficial.

Porque «reivindicar las vanguardias históricas implica desmontarlas, desencajarlas» (Díaz-Cuyás, 2014); se lo dijo Ángel González a José Díaz-Cuyás en una interesante entrevista en la que trataba de quitar hierro a su actividad de estos años:

Los medios eran demasiado débiles, el mercado era una caricatura. Hicimos como si fuéramos críticos de otro lugar. A Quico [Rivas] le hacía mucha ilusión ser crítico de arte. Juan Manuel ha sido fundamentalmente un bibliófilo y un biógrafo. Y yo, que no tenía particular interés por el arte contemporáneo, pues aproveché la ocasión para hacer algunas bromas (Díaz-Cuyás, 2014).

Merece la pena hacer una breve descripción de la antología de textos que sigue al escrito de Ángel González; la propone Juan Antonio Aguirre y resulta extremadamente significativa: una cita del catálogo de la exposición *1980,* celebrada en la Galería Juana Mordó de Madrid en octubre de 1979, y, más en concreto, del manifiesto firmado, como se recordará, por Juan Manuel Bonet, Quico Rivas y Ángel González, justamente el párrafo en que se subraya el carácter, más que grupal, de época, que comparten los artistas de la exposición, que respiran una misma atmósfera:

Al espectador sensible no le será difícil darse cuenta de que estos pintores se inscriben en un *paisaje* común; de que muchos de ellos, al margen de las diferencias formales, comparten un mismo *clima*. El *paisaje* y los *climas* más cálidos y más frescos que ha conocido nuestra cultura en muchos años (Bonet, 1979).

Hay un fragmento de una exposición del propio Aguirre en Amadís en 1973, *La casa y el jardín;* otro de Albert Einstein que apoya una educación de amplios horizontes para los jóvenes en la que el papel de lo bello y de lo moralmente bueno sea prioritario en el desarrollo del pensamiento crítico e independiente de estos. Otra cita de Hippolyte Taine *(Filosofía del arte)* que a su vez introduce otra de Demóstenes de gran interés: «Poco a poco, bajo el ascendiente de la sensualidad primitiva, el Estado se ha reducido a una empresa de espectáculos, encargada de proporcionar placeres poéticos a genes de gusto». Un fragmento de una crítica de Ángel Crespo sobre Juan Antonio Aguirre donde se subraya su cercanía a la obra de Matisse. Un fragmento de una carta que Rafael Pérez Mínguez dirigió a Juan Antonio Aguirre (este la ha citado después en muchas ocasiones) y en la que habla del sabor a España y el recuerdo de Castilla: «Yo estoy aquí sufriendo y aprendiendo, como se hace siempre que se viaja». De nuevo una autocita del propio Juan Antonio Aguirre sobre una exposición de 1976, denominada *Mediterránea* (recuérdese un cuadro de Guillermo Pérez Villalta con el mismo asunto y el título *Artis-*

tas en una terraza o conversaciones sobre un nuevo arte mediterráneo, de 1976), donde el artista y crítico rememora una estancia en la playa, explica cómo hablaba de la vida mediterránea y cómo, tras la liberación de una forma de *action painting,* la pintura volvía a ser un goce: «Pintar era algo que yo inventaba, un nuevo rito, una ceremonia inédita, una actitud privilegiada recién descubierta» (Aguirre, 1980). Una cita de catálogo firmada por Juan Manuel Bonet sobre una exposición de Juan Antonio Aguirre en Buades en 1980, en el que se define la pintura de Aguirre como culta, feliz y nunca inocente. Un fragmento de *Técnica del arte de la pintura,* de José Manaut, publicado por Dossat en 1959 y donde se habla del mercado (como fuente de frustraciones para el artista) y de las obras pictóricas como mercancías sujetas a la ley de la oferta y la demanda. Inevitable pensar en el manifiesto de *1980* (1979) donde se afirma la misión de los críticos de estimular el mercado. Y, por fin, parte de una carta de Herminio Molero a Juan Antonio Aguirre, fechada en mayo de 1977, donde el fundador de Radio Futura confiesa orientar sus investigaciones como pintor en el ámbito de la estética mediterránea y sus reservas frente a una cada vez mayor intelectualización del hecho artístico que hace que el artista no sea dueño de sus decisiones.

El catálogo de *Madrid DF* incluye un texto muy reproducido de Juan Manuel Bonet, «Cuestión de estilo» (Bonet, 1980); entre lo general y lo concreto, una parte sustancial de él se refiere a la obra de Alfonso Albacete, que se valora como cálida y mediterránea, «sensibilidad sin aspavientos, el amor a la obra bien hecha, el juanramoniano gusto por el mar y los jardines, la media luz» (Bonet, 1980), todo ello leído tanto desde la modernidad reciente como desde el impulso de Matisse, puro eclecticismo, de nuevo, intelectualización del hecho artístico para desembocar en la (alta) pintura. Esta es la parte concreta, porque el planteamiento general del artículo pasa por convertir Madrid en una ciudad con estilo, que la expresión «Madrid 1980» sea equivalente a «París 1905» o «Londres 1960». Hay una continuidad muy clara entre este escrito y el manifiesto de la exposición *1980,* que bien podríamos considerar un texto de combate que parte de la necesidad de que los críticos firmen exposiciones en lugar de prólogos y que afirma el carácter estratégico de la exposición, que sitúan, vagamente, en la estela de los salones de los Once, de Eugenio d'Ors. No se trata de una exposición de grupo, ni de tendencia, no están todos ni se incluyen las prácticas no pictóricas; sin embargo, «esta exposición no es a la postre sino un muestrario representativo de lo que va a ser la pintura de los ochenta en nuestro país» (Bonet, 1980). A partir de aquí, los críticos afirman la necesidad de excitar e, incluso, provocar el mercado y de replantear las políticas artísticas teniendo en cuenta la prioridad de la pintura en la década («es urgente replantear la política del arte; ahora que la política no se hace en la tela, es urgente replantear la política que se hace en la entretela»). Sugieren los apoyos del Estado para que los ochenta sean, en pintura, como los cincuenta, «de cuya herencia y restos de serie seguimos viviendo» (Bonet, 1980). Subrayan, finalmente, el hecho de que la muestra se celebre en la Galería Juana Mordó.

Un escrito de intervención (un manifiesto), uno de detalle y otro de intención claramente historiográfica que es, rotundamente, el texto que viene a canonizar a ese grupo que no quiso serlo pero que lo hace desde el título, «Retrato de grupo en un paisaje español» (Bonet, 1981a). Es un texto cartográfico que establece asociaciones, compañías, subgrupos, complicidades... y muy poco contexto, como si Bonet pensara en un colectivo autosuficiente, cómplice, erigido sobre el fracaso del arte conceptual y del pop autóctono, frustrado, vulgarizado en forma de *crónica de la realidad*. En esa coyuntura algo ruinosa se presentan, en 1971, Carlos Alcolea, Carlos Franco, Rafael Pérez Mínguez y Guillermo Pérez Villalta, proclamando de manera desafiante su condición de pintores, y a los que hay que añadir un predecesor (¿precursor?), Luis Gordillo, y un aliado de primera hora que es, además, su primer teórico: Juan Antonio Aguirre.

El referente del grupo que retrata Juan Manuel Bonet es Luis Gordillo, descubierto por Juan Antonio Aguirre, quien, como hemos visto, abría su libro *Arte último* con una obra y una cita del pintor que hemos reproducido más arriba. La primera es una doble cabeza de 1967 que parece pretender una síntesis entre figuración y abstracción, en la segunda Gordillo explica su método de trabajo e incluye unas palabras de Jung, esta peculiar relación con el arte pop y la presencia de lo consciente y lo inconsciente en la génesis de la obra constituyen todo un programa estético.

Los cuatro pintores mencionados (Alcolea, Franco, Pérez Mínguez y Pérez Villalta) siguen las huellas de Gordillo, se interesan por la obra de Jim Dine, Hockney o Kitaj (poco fatigados hasta entonces en España) y muestran un peculiar sentido del dibujo, unos temas diferentes y unas actitudes nuevas:

> En las conversaciones de los nuevos pintores se introducían el culto al pincel de marta, el debate irónico, las canciones, el radical desacuerdo con los diagnósticos que consideraban deseable el reinado del concepto y *sobre todo* la asunción del placer experimentado ante la pintura (Bonet, 1981a).

Herminio Molero y Manolo Quejido habían contactado con la poesía visual a través de Ignacio Gómez de Liaño (otro fragmento del mapa), los tres habían participado en el seminario *Gestión automática de formas plásticas* y ahí habían reflexionado sobre la utilidad del automatismo psíquico. En ocasiones ha glosado el escritor la filiación velazqueño-cezannesca de Quejido y la personalidad poliédrica del hombre-orquesta que fue Herminio Molero (Gómez de Liaño, 2016), que resume en su figura todo un modelo de artista muy vigente en este momento y muy coherente con la pintura literaria que se propone. La historia desemboca en la Galería Buades, verdadera plataforma de lanzamiento del grupo después de *1980* y *Madrid DF* como principales acontecimientos en el desarrollo grupal de estos artistas. Carlos Alcolea y sus referencias eruditas ocupan un lugar importante en el texto, igual que Pérez Villalta, de claves más evidentes para Bonet. Manolo Quejido sería el siguiente: en su *taco* encuentra Juan Manuel Bonet una fusión de «humor verbal, zen, *pop, zaj,* violencia expresionista, mal gusto» que dio lugar a un horizonte clasicista en el que se mezclan Velázquez, Cézanne y la pintura moderna. Molero profundiza en el pop ibérico de los setenta, Carlos Franco ahonda en temas de mitología y Juan Antonio Aguirre sería la mayor revelación de las últimas temporadas. Nombres más jóvenes serían Sigfrido Martín Begué, Jaime Aledo, Carlos Forns, entre otros, y aledaños como Broto, Campano o Navarro Baldeweg, todo en el programa que, para 1981, parece haberse cumplido ya: «recuperar la perdida dignidad de la pintura; desterrar de la pintura el aburrimiento; expresar al máximo nivel una amplia gama de sentimientos, ideas o asuntos» (Bonet, 1981a: 490).

Volvamos al catálogo de *Madrid DF* antes de ocuparnos de otro texto, epigonal e importante, de Ángel González. Porque en el catálogo hay una afirmación permanente de relación entre pintura y literatura, entre imagen y palabra; así lo sugiere, por ejemplo, un cuidadísimo texto de Andrés Trapiello sobre la obra de Carlos Alcolea; el análisis habla de pintura en fuga, de la luz «bajo el agua», de la pasión de pintar dejándose llevar por el cuadro, de pintura deseada y deseante, y, en fin, de la sublimación del hecho artístico. Desde el título («Arte a muerte»), Federico Jiménez Losantos parece insistir en esa concepción romántica de la creación (que puede que el grupo Trama no comparta), pero, sobre todo, insiste en la idea de que esta pintura ha emergido sola, sin ayuda de una crítica más preocupada por sancionar la crisis de la pintura de caballete que por escribir sobre pintura. La creación, dice Jiménez, es un salto a un laberinto, un riesgo. Se trata del último escrito sobre arte que publicará este crítico (Verdú, 2012).

Patricio Bulnes y Leopoldo María Panero glosan la creación y su consumo directo: «Infancia, alucinación, pintura; y la palabra pintura que nos lleva de nuevo donde estábamos: en esta galería, entre extraños, entre monstruos ciegos, ávidos de insultarnos con su mirada, con su saber postizo» (Panero, 1980). La pintura de Guillermo Pérez Villalta como artificio y su relación con el manierismo y la deconstrucción constituyen el argumento de José Luis Brea.

La exposición *Otras figuraciones* dio lugar a otro escrito epigonal, firmado por Ángel González y titulado «Niagara Falls. Consideraciones precipitadas sobre cierto realismo». Si el de Juan Manuel Bonet presentaba el mapa, González articulaba el concepto. El título alude a unas palabras de Thomas Cole *(Ensayo sobre el paisaje americano)* y a la fascinación que Rafael Pérez Mínguez, en su viaje iniciático a Estados Unidos, sintió por las cataratas del Niágara por encima del arte de los museos. Es una referencia muy apropiada, porque el texto de Cole (2018) es un canto al paisaje, a la mirada, a la pintura, y una constatación de la contigüidad entre lo bueno y lo bello.

A partir de aquí, González rompía con algunos tópicos de la modernidad, como el de que no había conflicto entre pintura figurativa y abstracta; figuración, realismo. valía para González como el baudelairiano heroísmo de la vida moderna. La gran tradición, dice González, la gran pintura moderna es pintura de museo, y todo eso que llamamos naturaleza es, en realidad, pintura, y de Cézanne a Duchamp, se trata de expresar la realidad. Cézanne, dice González, puede estar en el motor de la *Marie* duchampiana: «lo es, sin duda, del Desnudo bajando la escalera. Todo el realismo moderno desciende por este cuadro de Duchamp, donde se resuelve la desesperación de Cézanne por transformar lo horizontal en vertical, al modo de los anaglifos» (González García, 1981: 484).

Se trata de pintores que han roto el vanguardismo provinciano español porque, sin formación académica, estaban llenos de prejuicios para hacer otra cosa que figuración, porque se situaron lejos de quienes, en la época del informalismo (en España), «habían reducido el horizonte teórico de la pintura moderna al "horizonte del realismo" y discutían los medios más adecuados para lograr resolverlo, como si el realismo pudiera ser un estilo, una escuela o, simplemente, un supuesto táctico» (González García, 1981: 486).

CAPÍTULO 3

Producir extranjero desde dentro

Desde el ámbito de la industria cultural (siempre menos alejado de la pintura de lo que creemos) se convocó a los espectadores al hedonismo y a las actitudes cosmopolitas; «producir extranjero desde dentro» (Fouce, 2006: 37) llamaban a lo segundo desde la revista *Disco-Exprés* los Corazones Automáticos (Santiago y Luis Auserón, Cathi François y Montserrat Cuní). Hay un giro interesante aquí, porque el concepto de lo español, que había sido una poderosa herramienta interpretativa en la escritura de arte que generó el informalismo (VV.AA., 1961; Álvarez Junco, 2016) (por limitarnos a la segunda mitad del siglo xx) y resultó muy útil a las políticas artísticas ejecutadas por Luis González Robles, dejó de estar en el primer plano, aunque por muy poco tiempo. La idea de que la condición española es esencial en las manifestaciones artísticas animó también las reflexiones críticas sobre los diferentes realismos que ocuparon la escena de nuestro país en los años sesenta y parte de la década siguiente. Darío Ruiz afirmaba en 1961 —es solo un ejemplo— que Antonio López era «un hombre que es español y que pinta a España, [su pintura] representa el fracaso de la palabra vanguardia» (Ruiz Gómez, 1961); es una visión frecuente esta en la que lo español aparece como un muro de contención frente a la modernidad (hoy se ven los realismos de forma muy diferente). En los territorios del realismo más político, la crítica subrayó la españolidad de los grupos y artistas de Estampa Popular y distinguió cuidadosamente entre la producción artística de Equipo Crónica y las diferentes opciones del *pop art* (Gutiérrez Pericás, 1962; Llorens, 1972).

Pero en los años setenta, esta noción se utilizó mucho menos, casi desapareció en el ámbito de los pintores de la Nueva Figuración Madrileña, artistas cultos, cosmopolitas y muy críticos con la visión oscura de

114

las tradiciones artísticas de nuestro país; «demasiado negra, demasiado en el campo, en la cepa, de Palencia a El Paso» (Bonet, 2009: 323) le parecía la pintura informalista española a Carlos Alcolea en 1980.

Tampoco estuvo presente el concepto en el entorno del grupo Trama (Lacruz, 2002-2003) (algo que, teniendo en cuenta la evolución de alguno de sus teóricos, resulta, cuando menos, paradójico); sus componentes fueron igualmente cultos, embajadores de la revista *Tel Quel,* del estructuralismo, el psicoanálisis y el pensamiento maoísta. A diferencia de los figurativos madrileños, Trama fue un grupo militante y orgánicamente constituido, a pesar de lo cual ambos colectivos parecen compartir un aire de época.

AL MARGEN DE LO ESPAÑOL

Esta cierta derogación provisional de lo español coincidió con algunos cambios en la crítica de arte, que recuperó términos como «estilo», «figura», «forma», «calidez», «placer de la pintura»; son palabras de causa, que diría Michael Baxandall (1989

[1985]: 20). En paralelo, se adivina un cambio de paradigma que tiene algunos de sus referentes teóricos en Marcelin Pleynet, Gilles Deleuze, Félix Guattari, Jacques Derrida o Jean-François Lyotard. Los pintores de la Nueva Figuración Madrileña (algunos de ellos, al menos) se nutren de fuentes no españolas y no exclusivamente modernas: la pintura veneciana, Lewis Carroll o Marcel Proust, en el caso de Carlos Alcolea, «uno de los pocos artistas españoles cuya biblioteca, con sus Abrams y su correspondencia de Flaubert, he envidiado, como he envidiado la de Matta y la de Kitaj, uno de los pintores de culto en aquel Madrid» (Bonet, 2008: 25). Las palabras de Juan Manuel Bonet son absolutamente elocuentes, y los artistas citados, bien representativos del gusto del grupo y del momento. La mirada mitológica (en un país donde no ha sido especialmente frecuente) de Carlos Franco o Guillermo Pérez Villalta es igualmente significativa, y sus obras aparecen hoy como verdaderos retos iconográficos.

En este sentido, no deberíamos olvidar —así se amplía algo el panorama— que en esta década de los setenta se expanden los horizontes de la historia del arte en España, hasta entonces más bien autárquica; se empieza a extender la lectura, en los ámbitos académicos, de Erwin Panofsky (la introducción de Enrique Lafuente a la edición española de *Estudios sobre iconología* es tan conocida como elocuente), Pierre Francastel y Ernst Gombrich, tres historiadores que representan, respectivamente, la iconología, una sociología del arte heterodoxa y una metodología de base psicológica. Además, y esto se aprecia en algunos textos críticos del momento, la noción de vanguardia empieza a considerarse un criterio insuficiente (no hay consenso en este sentido), y en el ámbito del arte español, se adivina la propuesta de unas narrativas diferentes, muy evidente en los textos de Ángel González, aunque es posible que esto se apreciara poco en la época (Díaz-Cuyás, 2014).

Podríamos añadir a los intereses intelectuales de Javier Utray que desgranábamos en el capítulo anterior los nombres de los ya citados Gilles Deleuze y Félix Guattari: *Antiedipo* iba y venía por ámbitos muy diversos. Pepe Ribas explica en detalle la recepción, en el entorno de la revista *Ajoblanco,* que fundó y dirigió, del pensamiento francés y americano moderno, posmoderno y *underground* en los años setenta, en un apresurado proceso de puesta al día. Entonces parecía que los hábitos autárquicos de nuestra cultura se batían en retirada, aunque pocos años después resultaría que no era así (Ribas, 2008: 188). El libro es una buena guía de las lecturas que formaron a esa generación: aparte del citado, encontramos a Gabriel Ferrater, Jaime Gil de Biedma, el Marx de los *Manuscritos,* Céline, Burroughs, Huxley, algunos de los autores de *Antología del humor negro,* de Breton, Kavafis, Malcolm Lowry, entre otros muchos. No es, desde luego, lo único interesante de este libro, que revisa las expectativas, anhelos y frustraciones de la década de los setenta desde el entorno de la revista *Ajoblanco.*

Los resultados estéticos son muy diferentes, pero los intereses intelectuales de los figurativos madrileños y los componentes del grupo Trama no lo eran tanto. Coincidían, sobre todo, en mirar más fuera de España que dentro, a juzgar por los recuerdos de Javier Rubio:

> Pleynet, sin duda, fue la guía y el acceso a todo el arte americano de la postguerra, a Clement Greenberg y a Harold Rosenberg, que para mí

fue lectura constante durante bastantes años. Y, luego, también durante muchos años, más tarde quizá, gente como William Rubin, que son los que ponen en conexión las tesis de Clement Greenberg con el desarrollo del arte, con una historia del arte interesada en criticar el formalismo norteamericano de la Escuela de Nueva York. Y ahí es donde más o menos aparece Matisse, un poco como contraposición a Picasso, sobre todo, ya que Matisse podía ser un puente más explicable hacia el formalismo americano, ya que Picasso es un elemento más desbordante, porque representa un fenómeno que nace y muere con él, mientras que Matisse incluso en sus últimos trabajos servía como hilo conductor dentro de la historia del arte. Sin duda me dejo muchas cosas. Y luego aparecía Robert Ryman que, junto con James Bishop y otros, serían los continuadores más legítimos de la tradición formalista americana más joven frente a los pintores que apoyaban más Clement Greenberg, Morris Louis y otros. Y esas serían un poco las piezas del cóctel con el que entonces nos nutríamos (Lacruz, 2002-2003, vol. I: 63).

Espero que el interés de la cita disculpe su extensión excesiva, pero es difícil explicar más claramente la poética de Trama y de la Nueva Figuración Madrileña y encontrar una afirmación más clara de identificación entre arte y alta cultura.

Dice Javier Rubio en esa misma entrevista que la pintura y la política eran indisolubles para él. Es posible, pero esa radical asociación (debida al altísimo nivel de politización del grupo) les llevó, como a los componentes de la Nueva Figuración, a una decidida intelectualización del hecho artístico que queda como elemento central en los programas de ambos grupos, aunque los segundos separasen cuidadosamente la pintura de la política. Los componentes de Trama (José Manuel Broto, Xavier Grau, Federico Jiménez Losantos, Javier Rubio y Gonzalo Tena) intentaban mezclar psicoánálisis y marxismo, influidos por los franceses de *Tel Quel* y por los artistas de Support-Surface, defendían la pintura desde posiciones de izquierda radical y militaban en Organización Comunista de España-Bandera Roja, una escisión del Partido Comunista de España. Desde el desarrollo de la pintura abstracta, superando, como Marc Devade, los rígidos límites del cuadro, niegan la crisis de la pintura e investigan su dimensión lingüística, intentando acabar con la división entre los que hablan de pintura y los que se encargan de producirla y generar teoría como un grupo de vanguardia que producirá textos de gran altura teórica (puede que excesiva) en la revista *Trama* y en otras como *El Viejo Topo*.

Una parte significativa de los críticos y artistas de los que hablamos comparten esa actitud escéptica frente a una historia del arte de ciclo cerrado, considerada un continuo. Como había escrito Pierre Francastel, la palabra «escuela» no posee un sentido preciso, implica un conocimiento y la conservación de un cierto ideal. Pero los diferentes maestros de obras tienden a copiarse y adelantarse (Francastel, 1942: 40).

En 1978 se publicó en España una recopilación de los ensayos de Marcelin Pleynet, con una introducción de Javier Rubio, que se convertiría en uno de los referentes de Trama (Pleynet, 1978). No conviene tomar muy en serio el hecho de que el prólogo de Javier Rubio se abra con una cita de Antoni Tàpies (decidido defensor del grupo Trama y detractor del conceptual político que proponía el Grup de Treball, pese a la cercanía de Tàpies al PSUC). Rubio, por otro lado, califica la publicación (original) del libro de Pleynet de hito comparable a la de *La configuración del tiempo,* de George Kubler, que había merecido la considerada atención de Ad Reinhardt; curiosa emulación tácita la de Rubio: el Nueva York de 1962 como la Barcelona de 1978. No mucho tiempo después, Juan Manuel Bonet supuso que el Madrid de 1980 podría ser una época de gran entidad, como hemos visto: «Decir "París 1905", o "Nueva York 1944", o "Lisboa 1915", o "Londres 1960", supone, con la brevedad del *hai-kai,* definir sucesivas tajantes situaciones en el arte. Puede que algún día baste también decir "Madrid 1980"» (Bonet, 2009: 485). Actitudes cosmopolitas que las políticas culturales de la transición descartarían inmediatamente, ya que apostaron por lo local antes de que la mundialización aportara un curioso, complejo e inesperado concepto: el de *glocal.*

Pero volvamos a Pleynet y, sobre todo, a Javier Rubio, que subraya la convergencia de los trabajos del crítico francés (y el grupo de *Tel Quel*) con algunos componentes del grupo Support-Surface, Marc Devade y Louis Cane especialmente. Entre las ideas de Pleynet, Rubio destaca dos: la consideración de la pintura como escritura y la atención que el crítico francés dedica a Matisse. La primera remite a las estéticas estructuralistas y a *Tel Quel,* pero no está de más recordar que en 1960, en una entrevista mítica, Daniel H. Kahnweiler señaló a Francis Cremieux, a propósito del cubismo, que «la pintura es una escritura que crea signos» (Kahnweiler, 2011 [1960]; Frascina, 1998). En el contexto de los años setenta, la idea tiene que ver con la decidida intelectualización del hecho artístico que se propuso tanto por los nuevos figurativos como por el grupo Trama; los primeros llevaron a cabo una interesante reelaboración de la cultura de masas y del pop, que incorporaron a la alta cultura buscando una «pintura culta y placentera, compleja y gozosa» (Pérez Villalta, 1999); los segundos intelectualizaron y enfriaron (si se me permite la expresión) el tono trágico que tenía la abstracción española. La segunda idea que subraya Rubio es la atención dedicada a Matisse, «cuya no inclusión en los movimientos contemporáneos de mayor rango en la jerarquía significativa del esquema evolutivo hacía que su obra pasara en buena parte desapercibida» (Rubio, 1978: 11). Casi es un rasgo de época la atención que se presta en España al pintor francés, su preferencia frente a Picasso. Rubio subraya igualmente la importancia que Pleynet otorga a la pintura norteamericana, que, en este contexto, es objeto de una reevaluación que descarta la lectura trágica y nacionalista.

Pérez Villalta lo explicaría con gran claridad:

> Las obras de nuestros mayores inmediatos se articulan en canales de expresión unilineales, se limitan al desarrollo de ideas únicas que condicionan una sola lectura posible. Y, frente a las obras-tesis de los años sesenta, nosotros proponemos la ocultación, complejidad y lectura lenta de la obra (Calvo Serraller, 1985: 36).

Carlos Franco también reivindicó la pintura como alta cultura (en un momento, hay que recordarlo, de explosión de la industria cultural en España):

> La oferta más popular es aquella en la que el exterior está en movimiento, como en el cine, el vídeo, la noria, el teatro, la música [...] la propensión a interpretar por mímesis, movimiento-arte, creó y crea una tendencia contraria a la pintura [...] porque el espectador suele odiar verse como en un

espejo. El silencio del cuadro permite al espectador escucharse, acecharse sin palabras para sentir qué hay tras lo indescifrable. Y no hay que olvidar que el creador, al fin y a la postre, es también espectador (Franco, 1997: 14).

Hay ecos en esta cita de la noción duchampiana de acto creador (Duchamp, 2012), pero hay, sobre todo, un intento de escape de una industria cultural que crecía en España a medida que desaparecía la censura.

¿Y el libro de Pleynet? No es gozoso y placentero, es más bien complicado y árido. El primer ensayo, «Contradicción especial, contradicción específica. La imitación de la pintura», escrito en un tono cercano al del informe político, marca el territorio del libro; denuncia el predominio de la cronología en la historia del arte, la influencia desmedida de lo hegeliano (y de lo kantiano) y se posiciona frente a las teorías del reflejo. En la sociedad burguesa, dice Pleynet, la ciencia va ocupando el lugar del arte, cuya función ideológica queda algo descentrada. La pugna es, de este modo, entre la irracionalidad del arte y la racionalidad de la ciencia, que vine imitada, parodiada, podríamos decir, por movimientos como el futurismo o los que exploran la relación entre arte y tecnología. La ideología de la ciencia no impide que esta progrese, y genera a su vez un rumor que se traduce en una reconsideración de los medios propios de cada disciplina; Lautréamont reconsidera el código retórico, y Cézanne, el perspectivo. La pintura se refugia así en la ilusión de una historia autónoma. En otro lugar del libro, Pleynet planteará la autonomía del cubismo, como escritura, frente a la visión mística de Mondrian y su idea misional del arte: «Mondrian utiliza el modo cubista de descomponer la figura, no la manera de inscribirla en el espacio» (Pleynet, 1978: 113), lo que indica, sobre todo, la voluntad del pintor holandés de salir del marco del cuadro, un tema de otro texto de Pleynet, escrito en 1968, incluido en el libro *Desaparición del cuadro,* que me gustaría relacionar con *El legado de Jackson Pollock,* publicado por Allan Kaprow en 1958; del *happening* a la pintura de Viallat, el proceso de expansión de la pintura desborda el cuadro. El asunto está, como se sabe, en el centro de las reflexiones, teóricas y prácticas, del grupo Support-Surface. La irracionalidad del arte, el desclasamiento de los artistas en la modernidad, lleva a la necesidad de utilizar el psicoanálisis como método de estudio junto con el marxismo. En cualquier caso, Pleynet habla de las fisuras de la modernidad.

No vamos a descubrir a Marcelin Pleynet a estas alturas. En la España de 1978 tuvo cierto impacto su interés por Matisse, la consideración de su pintura como un fenómeno poliédrico, relacionada con Cézanne, vinculada de manera muy compleja a la escultura negra, polemizando con el cubismo; todo esto sienta las bases para una nueva historia del arte. Nada nuevo, pues ya Merleau-Ponty señaló la imposibilidad de entender a Cézanne acudiendo a la historia del arte y su voluntad de «aspirar a la realidad negándose los medios para alcanzarla» (Merleau-Ponty, 2012 [1945]: 30).

AL MARGEN DE LA VANGUARDIA

«La vanguardia, para él [Matisse] como para Cézanne, no piensa ni contra ni fuera de la historia» (Pleynet, 1978: 48). Fuera y dentro: Carlos Alcolea llevará a cabo una visión complementaria en su *Matisse de día, Matisse de noche* (1977), en el que reivindica los colores del pintor y organiza la composición a partir de la cinta de Moebius (una de las obsesiones de Alcolea, pero también de Robert Smithson) como instrumento elusivo de la perspectiva o como alegoría del hecho de estar, a la vez, fuera y dentro, algo que cuadra perfectamente con los años de la posmodernidad, pero que puede encontrar un modelo en la idea de inclasificabilidad de ciertos pintores, como, precisamente, Cézanne y Matisse. La preferencia por Matisse sobre Picasso es casi un lugar común en la época, y no deja de ser una forma de derogación de lo español.

La obra de Pleynet aparece, en el ámbito de Trama, como una manifestación externa de un profundo movimiento de renovación ideológica y teórica que afecta especialmente a las prácticas artísticas y que afirma las interconexiones del arte con la lingüística, el psicoanálisis o la semiología. La nueva función del arte en este contexto es la de contribuir a una teoría del sujeto y de la comunicación humana (Jiménez, 1976b). Pleynet habría contribuido a la construcción de una historiografía literaria alternativa (Lautréamont, Sade, Rimbaud).

En el ámbito de las reflexiones sobre la pintura, Pleynet aparece como un verdadero pensador alternativo, especialmente en el citado texto sobre Matisse. *El Antiedipo* (publicado en 1973 en España y tan leído por algunos figurativos madrileños) es, en el ámbito de Trama, todo lo contrario, un documento que se desmarca de Lacan pero para cuya lectura hace falta un profundo conocimiento de él. El escepticismo que muestra Jiménez Losantos frente al concepto de rizoma como «figura epistemológica nueva» (Jiménez, 1976a) es verdaderamente asombroso.

Es fácil reconocer a estas alturas que Pleynet ha envejecido mal y Deleuze y Guattari resisten con dignidad notable, especialmente el concepto de rizoma. En 1979 se publica en España *Discurso, figura,* de Jean-François Lyotard (la edición francesa es de 1974). La traducción aparece con un prólogo de Federico Jiménez Losantos donde se afirma que la obra de Lyotard representa la llegada de un nuevo paradigma en que el deseo sustituye a la semiótica y se valora al filósofo como principal heredero de las revoluciones teóricas del 68 y como gran referente en la cuestión entre pintura y psicoanálisis (Jiménez, 1979).

Prescindir de las tradiciones españolas o hacer, al menos, que no estén en el centro de la reflexión es un modo de derogación. Lo hacía Javier Utray cuando hablaba de los pintores de la «tercera generación» (Carlos Alcolea, Carlos Franco, R. Pérez Mínguez y G. Pérez Villalta serían los componentes más representativos), a los que define como herederos «de un panorama en que el "pop-art" americano e inglés han llegado a sus cotas más altas, existe en activo una pretendida pintura testimonio, de las últimas boqueadas en la vanguardia, el espacialismo a la italiana y el Arte cinético» (Utray, 1974: 28). Lo más significativo es que no hay en el texto una sola alusión al arte español; como en otros escritos, Utray elude la noción de grupo; prima lo individual, igual que en el caso de Juan Antonio Aguirre cuando narra la historia de Nueva Generación: «Doce artistas, todos ellos presentes en aquella primera exposición que ahora se conmemora, representan, por así decirlo, doce soluciones posibles» (Aguirre, 1977: 50).

Casi no hay artistas españoles (solo Dalí y Miró) en el mapa que, en forma de viaje alucinante, trazaron Fernando Huici y Guillermo Pérez Villalta para la revista *Arquitectura,* un curioso manifiesto que afirma la falta de vigencia de la vanguardia clásica o, mejor, su condición de «muermo» (Huici y Pérez Villalta, 1980: 39). Se sigue a vueltas con la idea de muerte de la vanguardia, que provocó, con frecuencia, la hilaridad del desaparecido Ángel González, para quien el eclecticismo es una constante del arte moderno, que se alimenta de autoconciencia histórica desde el principio de la modernidad:

> No creo [...] que tal recurrencia —del pastiche o de una apasionada antropofagia— sea más relevante de lo que lo fue en 1910 o en 1940, ni creo tampoco que la boga de Matisse o Bonnard (¿o Vallotton?) aquí, en España, deba interpretarse como otra cosa que una recapitulación inteligente y afilada sobre lo que ha sido el arte moderno, aunque parezca quizá, por falta de costumbre, una epifanía escandalosa (González García, 1980).

El objetivo de González es la crítica acerada de un texto de Vicente Aguilera Cerni que representa, para aquel, la historia oficial de la vanguardia española. Vienen de lejos las tentativas de derogación, y hace falta una visión rizomática y plural para explicárselo.

En los años setenta y primeros ochenta se busca un modelo artístico diferente, que pueda exportarse, un arte europeo y cosmopolita de verdad:

> ¿Qué espera Europa del arte español? Dejando a un lado los tópicos que ya no estamos en medida de ofrecer, está claro que el giro figurativo madrileño, cronológicamente situado entre el pop inglés (comienzo de los sesenta) y el redescubrimiento de la figuración con los llamados nuevos expresionistas [...] (comienzos de los ochenta), es un fenómeno que, de ser conocido en Europa, podría despertar un indudable interés. Este interés yo lo cifraría en el hecho de que al tomar Gordillo como símbolo y al iniciar su propia obra, los pintores de los que he hablado [Herminio Molero, Guillermo Pérez Villalta, Chema Cobo, entre otros] no estaban siguiendo ningún modelo exterior, situándose, por el contrario, a contrapelo de todos los modelos (Bonet, 1981a: 490).

Algunos críticos, como se ve, proponían unas políticas que supieran prescindir del mito trágico, del 98, del dolor de España y del pesimismo ancestral (Núñez, 2010); unas políticas que promovieran un arte que fuera más homologable que exótico. A la larga se demostró que era más fácil y exitoso lo contrario (lo más exótico y menos homologable).

En el entorno de la Galería Buades hubo una clara intención de producir arte al margen del concepto fuerte de «lo español»; eso le parecía a Javier Montes:

> Se perfila [...] en la [...] línea de Buades esa voluntad consciente de reconsiderar el peso de la España cañí (siempre presente) mezclada sin pudor con el interés abierto y sin prejuicios por lo de afuera: un humor muy particular en que se formó toda una generación y que es lo mejor de la vida intelectual de España en esos años (Montes, 2008: 65),

una alternativa cultural y política que bien podría tener un correlato en estas palabras de Herminio Molero: «No éramos combatientes al uso, de pasearnos con la bandera roja por la Gran Vía, y eso les desconcertaba. Realmente, nuestra forma de lucha consistía en ignorar que existiese una dictadura. Para nosotros ya estaba muerta y como tal nos comportábamos» (Montes, 2008: 59). No es muy diferente de la actitud de Juan Benet que reseñábamos en las primeras páginas de este proyecto; como las palabras de Benet, las de Molero sugieren, de nuevo, una actitud de desactivación de la cultura.

En todo caso, esa interesante mezcla estuvo vigente poco tiempo y pronto lo más visible fue la parte cañí (que seguía vendiendo fuera de manera vigorosa), a pesar de las nobilísimas intenciones de Buades, expresadas en el primer editorial del periódico:

> ¿Dónde está, pues, el extranjero? Cabría incluso retorcer los argumentos y preguntarnos si no podría estar también aquí, entre nosotros, si uno no puede sentirse extranjero. No en vano, por extranjero se entiende no solo el territorio en el que uno no ha nacido, sino lo ajeno, lo apartado, lo extraño, lo lejano: sentirte en tu hogar estando fuera y en el extranjero cuando estás en casa (Fernández-Cid, 2008: 76).

El grupo Trama es otra zona de derogación (provisional) de lo español, aunque en su ámbito haya actitudes contradictorias. Trama encuentra sus referentes en Pleynet y Support-Surface, aunque ya hemos visto que les interesa, especialmente, la pintura americana, huyen de lo figurativo y de la alegoría, establecen un frente antirrealista y llevan a cabo un proceso de intelectualización del hecho artístico y de la actividad pictórica como modo de escape, en lo que parece una reedición de las posiciones de Greenberg en su texto más citado, «Vanguardia y kitsch». La estrategia es no dejarse arrumbar por la cultura de masas en un momento en que la industria cultural crece en España por, entre otras cosas, la desaparición de la censura.

REESCRIBIR LA HISTORIA DE LA PINTURA

Vuelven a las cuestiones clásicas de la pintura, piensan en la relación espacio-color, como uno de los argumentos de la historia de la pintura moderna, y reivindican el método de trabajo de Pollock:

> El trabajo se realiza reposando la tela en el suelo. En su producción, movimiento incesante, el cuadro se bordea y se recorre en todas direcciones. El color, aplicado con pincel, se deposita en sucesivas capas líquidas, siempre distintas, permitiendo por su transparencia, «descubrir» el interior (Broto, 2003a: 280).

135

El espectador al que alude Broto puede recorrer de manera inversa el proceso, rehacer el análisis crítico que produce la pintura (no muy lejos del primer Umberto Eco, el de *Opera aperta*). Gonzalo Tena defenderá una suerte de *drippping* y, sobre todo, la idea de una cierta autonomía de la pintura: «No se trata de "hacer hablar a las pinturas" sino de "tomar la palabra" para hablar de la propia práctica, única forma de contrastarla con "su doble", con su "no dicho" para transformarla» (Tena, 2003: 281). Carlos Alcolea explicaba algo parecido cuando decía, de manera gráfica, «a Deleuze no lo pintas, lo lees» (González García, 1998), lo que expresa una matizadísima relación entre pintura e ideas, una gran resistencia a la visión retórica de la pintura, a la lectura política de la pintura convertida en un dazibao, un alejamiento radical de cualquier modo de realismo.

No es una reivindicación formalista de la autonomía de la pintura, es más bien una defensa de la autonomía relativa del arte, que se ve como algo activo, capaz de transformar el entorno:

Pintura, pues, que no esconde su economía, que vehiculando el inconsciente, lo pulsional, mediante una utilización significante del color y su aplicación, va a confrontarlo dialécticamente con un código atravesado e investido por una determinada concepción del mundo. Todo lo cual obligará a una lectura que pase por la complejidad del todo social: por el sicoanálisis y por la lucha de clases, por la semiología y por las ciencias puras (León, 2003: 284).

Muy deudora de Pleynet, esta consideración se acerca también a la sociología del arte alternativa. Pierre Francastel (al que ya hemos mencionado en un par de ocasiones) describe una relación entre arte y sociedad en la que la obra es un activo en la construcción del imaginario y, al mismo tiempo, un resultado de este, lejos de la retórica de la crítica que defiende lo español e igualmente lejos de la idea de la obra de arte como reflejo.

En general, hay un desarrollo del programa de Marc Devade, de revisión de la historia y la práctica de la pintura desde Cézanne (Pleynet, 1978) y del de Claude Viallat, que, en sus *Notas de trabajo,* pide que se combata la «visión monocentrada del espacio renacentista», que se afronte la pintura como «una topología», que se considere la imagen como un producto del trabajo del pintor. La imagen debe subordinarse al trabajo del material, y la pintura, analizarse como escenificación de la imagen de la tarea del artista (como quienes, a partir del trabajo de Allan Kaprow, veían el método de Jackson Pollock como una *performance*). Si la pintura es objeto de conocimiento, no debe subordinarse a la historia externa de la misma pintura, sino enfocarse en el campo de los conocimientos, dialogar (o polemizar) directamente con la crítica. El corolario es que el autor queda en segundo término, casi desaparece, como en las conocidas reflexiones de Roland Barthes (1968) y de Michel Foucault (2010).

Se constata, en los textos de Trama, la ampliación del campo de la pintura moderna (el referente es aquí Paul Cézanne) a algunos momentos de la pintura clásica u oriental; la contemplación del sujeto no solo como transmisor de ideología sino como configurador de un discurso en el que el papel del inconsciente será fundamental. Javier Rubio plantea esta cuestión cuando niega que el arte sea comunicación: «La comunicación es la comunión de los santos de nuestros días» (Rubio, 2002-2003: 309), porque admitir esa ecuación sería como equiparar arte y propaganda; «yo propondría la pintura como pre-texto, como tejido y lenguaje en el que es posible detectar las huellas de que algo se desplaza» (Rubio, 2002-2003: 309).

Un curioso artículo de Victoria Combalía contestado por Gonzalo Tena yuxtapone, y parece querer conciliar, los realismos críticos de Equipo Crónica y Eduardo Arroyo (que siempre ha proclamado su gran distancia del Equipo) con las estéticas de Trama, planteando que la obra ha de interpretarse en los dos casos, que representarían dos modos de pintura alternativa (Combalía, 1977). Como si se tratara de una respuesta a Combalía, José Manuel Broto, en un texto de 1975, juzgaba el trabajo de Marcelin Pleynet como decisivo («demarcatorio», dice él) frente a la crítica formalista y frente a la que cree en la división «unos hablan / otros pintan»; Pleynet, escribe Broto,

utilizando los «nuevos continentes» inaugurados por Marx y Freud, desarrolla un análisis inédito y opuesto al ordinario historicismo evolucionista acuñado por la crítica de arte, proponiendo, frente a la lineal sucesión de escuelas, ismos, cuadros, pintores, etc., la subversión de esa «historia» y la presentación de una realidad histórica múltiple, plural, diversificada, determinada por la historia de la sociedad y por la propia historia del sujeto (Broto, 2003b: 321).

Antoni Tàpies fue un activo defensor de Trama, muy preocupado ante la posibilidad de que el Grup de Treball (con cuyos miembros compartía militancia) pudiera, realmente, acabar con la pintura. Así, Tàpies decidió convertirse en el gran defensor de Trama y de la pintura, como se constata en uno de los numerosos artículos que el pintor publicó en *La Vanguardia* (Tàpies, 1989: 33). La hipótesis de Tàpies (como la de Combalía) es que la pintura puede ser de izquierdas; para eso se sirve de Picasso, Marcelin Pleynet, Louis Cane, André Malraux y Pierre Ryckmans, mostrando que puede haber vida inteligente, y comprometida, más allá de los supuestos de Zdanov y el realismo socialista. El grupo Support/Surface y los teóricos Marcelin Pleynet y Philippe Sollers parecen ser los referentes fundamentales de Tàpies, cuya definición de la pintura («superficie coloreada, en un muro o en posición horizontal: plegada o no plegada; de forma rectangular o de otras muchas: de trapo, seda, madera o papel») parece muy deudora del grupo francés.

Solo dos años antes de la primera versión del artículo comentado, Tàpies había defendido la pintura, de manera más rotunda y menos teórica, frente al arte conceptual (Tàpies, 1999); el pintor catalán dudaba de que el conceptualismo de Treball pudiera tener algún efecto contra la institución arte. Por otra parte, la visión de Tàpies sobre la relación del artista y el mercado había sido siempre tan pragmática como candorosa, muy propia de una visión autónoma del arte:

> El error fundamental de los que creen que, a causa de los precios, estamos al servicio de los marchantes y los ricos, viene de pensar que las obras de arte son para ser pensadas y poseídas, cuando la verdad es que el artista solo trabaja para que sean «vistas». Y aquí sí me parece importante no ahorrar esfuerzos para difundir nuestras imágenes, cueste lo que cueste y pague quien pague (Tàpies, 1977: 385).

Otra manifestación relevante del apoyo de Tàpies a Trama es un texto escrito en 1976. La pintura, afirma Tàpies, siempre se abre camino y no son más progresistas (otro término de época) ni más transgresores los que no la utilizan (artistas conceptuales) ni los críticos que atacan, desprestigian y vituperan la pintura:

> Y lo denunciamos porque con estas ideas, pensando (seguro de buena fe) que se nos estaba dando una estampa moderna al país y haciendo patria, podría ser que en realidad se hubieran retrasado o destruido los estímulos a toda una nueva generación de pintura catalana potencial, un género que precisamente ha llevado el nombre de Cataluña por el mundo (Tàpies, 2003: 288).

Él mismo, su pintura, había llevado también el nombre de España por el mundo y en ese momento invocaba un vínculo indisoluble entre pintura y nación.

CAPÍTULO 4

Un caso de estudio.
La poética de Carlos Alcolea

Los escritos de Carlos Alcolea, reunidos hace muy poco en una cuidada edición (Alcolea, 2023), constituyen un interesantísimo corpus teórico que refleja bien, en mi opinión, los intereses intelectuales de este grupo que se resistía a serlo y cuyos integrantes fueron los titulares de la Nueva Figuración Madrileña. Poseen el atractivo de lo inacabado y lo inmediato y suscitan la tentación de subrayarlo todo, como, al parecer, hizo el pintor con algunos libros como *El capital*. Como no podía ser de otra manera, destilan fascinación por la pintura, además de dejar intuir los amplios intereses intelectuales del artista. En general, se afirma la autonomía de la pintura, algo que Alcolea dejó claro en multitud de ocasiones: «Pintar supone entonces una explicación de la duda, el lenguaje posee una forma propia» (Alcolea, 2023: 38); una actitud de cierto escepticismo frente a la historia del arte: «Para el arte, la historia es simplemente un buen recuerdo» (Alcolea, 2023: 39), que forma parte de la época y es una idea que compartirían otros artistas como Chema Cobo: «La historia del arte no me interesa como un desarrollo lineal y coherente, sino como panacea de ideas y formas. La historia se convertía en lo que yo llamaba mi taller ecléctico» (Espaliú y Paneque, 1985: 57).

El dibujo, se dice en uno de sus aforismos, es el sedimento de la memoria, donde la pintura es, antes que nada, un arte mágico, un título de André Breton. Hacer visible la idea, lo cual parece una sentencia de Paul Klee, es una de las funciones de la pintura. El pintor ha de elegir entre reproducir o pintar, y el autor de los textos ha optado por pintar y tachar lo mimético, lo cual cuadra bastante con su resistencia a hablar de pintura figurativa. El de-

144

fecto de la pintura, dice, no es ser muda, sino ciega.
Tienen un papel de interés las alusiones literarias, y
las hay a James Joyce, Marcel Proust, Jean-Paul
Sartre y Jean Genet; este último sirve a Alcolea
para reflexionar sobre la capacidad de asimilación
del sistema: «Aceptar los libros de genet *[sic]* supone "matar" a genet [...] la cultura burguesa supone
un alto porcentaje de necrofilia [...] genet ha muerto. se ha suicidado» (Alcolea, 2023: 149). La música
tiene también un papel importante (Sibelius); como
en la pintura, sobrevuela la idea de palimpsesto.
Marcel Duchamp «hace que no hace nada» (Alcolea, 2023: 221), se desliza por el libro; una máquina,
dice Alcolea, que no retiene la imagen, que la trans-
forma, que la convierte en pura reflexión: «"El origen del mundo" de Courbet lo trabaja constante-
mente. Se convierte en otra Dulcinea, otra mujer
anónima, pero esta vez y de forma extraña el exterior es el interior» (Alcolea, 2023: 221). Un asunto
este de unir exterior e interior que interesará mucho a Alcolea, en la teoría y en la práctica. En las
primeras páginas del libro se reproduce literalmente una nota de Duchamp: «El cuadro es la aparición de una apariencia» (Alcolea, 2023: 56).

Entre los textos publicados antes de la edición de Óscar Alonso Molina de los *Escritos* de Carlos Alcolea, destaca *Aprender a nadar,* un libro muy breve de gran singularidad en el ámbito de la teoría del arte escrita en España; es un libro críptico («de difícil síntesis», escribió Juan Manuel Bonet), aunque revela los amplios intereses intelectuales de su autor; en el texto puede adivinarse a Gilles Deleuze y Félix Guattari, pero también a Marcel Duchamp (más de lo que parece), Antonin Artaud, Marcel Proust, Lewis Carroll (presente también en su pintura) y Michel Foucault. No es exactamente una guía de la pintura de Alcolea (ningún texto de artista lo es), pero los textos de artista pueden leerse «como si se tratase de otros colores, otros pigmentos, otras líneas y gestos, otros volúmenes, otras texturas e imágenes» (Carpio, 2007: 7).

En todo caso, este breve libro es un inventario de las obsesiones del autor, que no son muy diferentes de las del grupo en el que se le inscribe (aunque su pintura sea muy singular).

Aprender a nadar es, entre otras cosas, un recorrido por el proceso creativo en el que su autor intenta asumir, al tiempo, el papel del artista y el del espectador. Como él mismo escribió a propósito de *Étant donnés,* de Duchamp, parece querer que el exterior sea el interior en este libro lleno de paradojas, trampas y referencias intelectuales, que quiere recorrer la pintura por dentro y por fuera; no se trata solo, como en Jackson Pollock, de estar «en la pintura».

El libro se abre con una reproducción del inquietante *Cupido Victorioso,* de Caravaggio, y unos versos de Alcolea de los que, al parecer, el pintor se sentía extremadamente orgulloso; «sospecho que los creía la llave con la que abrir su pintura» (González García, 1998: 33). Dicen así: «Yo soy la cuerda / Soy quien acompaña a la flecha / hasta que se desprende de mí». Del cuadro de Caravaggio se ha dicho que es una posible parodia de las pinturas de Miguel Ángel y que representa una alegoría del triunfo del amor terrenal sobre «los símbolos del mundo moral e intelectual» (Friedlaender, 1982 [1955]: 125); en el inventario de la colección Giustiniani, de 1638, se describe como «una pintura de

147

Cupido sonriendo, en el acto de menospreciar al mundo» (Grahan-Dixon, 2011: 266). Cupido aparece amenazante con la flecha y dejando a la espalda el violín, el laúd, la escuadra y la partitura. ¿Un ejercicio de ironía? No es raro, pues casi todo en este libro tiende a la paradoja, como la obra de Alcolea, plana y profunda, incluso antes de lanzarse al agua, y, por supuesto, altamente intelectualizada, como el libro. En la página siguiente, junto al poema, un cuadrado lógico con las letras C y B, y la fecha noviembre de 1979. ¿Baco y Cupido? ¿Borrachos, como los representó Gérôme? ¿Carlos y Baldomero?

Al comienzo del libro encontramos una disyuntiva abierta (todas lo están) entre la posibilidad de hacer un diario de viaje (anotando los líquidos que recorren el cuadro) o trazar una cartografía, que es un viaje sin memoria; aquí se contienen términos como «superficie» y «profundidad» y también los de «narración» y «descripción» (Alcolea no quiso hacer una pintura literaria, aunque su obra lo parece, y no solo por las recreaciones de Alicia). En todo caso, aquí se contiene la reflexión sobre la pintura que se abre y cierra con las dos obras más conocidas de Marcel Duchamp (el *Gran Vidrio* y *Étant donnés),* que son, en realidad, dos fragmentos de un relato único donde superficie y profundidad, narración y descripción parecen estar simultáneamente presentes.

No hay contradicción; se trata de una indecisión voluntaria, o una elección amplia que incluye las cuatro opciones y que tiene que ver con la ironía, siempre presente, y que Alcolea define, de manera más bien críptica, como un modo de «contradicción o disculpa hermética que se adosa en el borde de la representación» (Alcolea, 1980: s.p.), algo que roza. El pintor asocia la raíz inglesa de la palabra (iron-y) con el hierro oxidado por el agua, como un trasatlántico hundido. En mayo de 1936, Duchamp envió a Meret Oppenheim una tarjeta postal en la que se veía un gran barco: «He aquí —escribió en el dorso— un modelo fabricado para una eventual exposición en el fondo del mar».

DE LA IRONÍA AL DELIRIO (Y VUELTA)

La ironía salva del riesgo, desenmascara, deja al descubierto. Sócrates la utilizó para desmontar los argumentos de los sofistas, y el propio Alcolea la usa para desarticular las tesis de la pintura informalista, que consideraba, ya lo hemos visto, como un capítulo de las peores tendencias de la pintura española: «una pintura española demasiado negra, demasiado en el campo, en la cepa, de Palencia a El Paso» (Bonet, 1980). La ironía como arte de rozar, de no profundizar (Jankelevitch, 1982 [1964]). El propio texto se presenta, me parece, como alternativo a los escritos atormentados de los informalistas (tan criticados, por otra parte, por Juan Antonio Aguirre).

La sonrisa helada del gato que ilustra el libro va más allá de la ironía: unos labios sonrientes, unos dientes y unos bigotes (de gato) muy esquemáticos, muy pop, paralizantes, una sonrisa más terrorífica que la que aparece en el díptico *Alicia en el país de las maravillas. Alicia a través del espejo* (1979); de nuevo, esa sonrisa parece la imagen de marca del libro, que se utilizará además en la tarjeta de invitación a la presentación de este.

La sonrisa del gato, extremadamente figurativa, aparece junto a un rectángulo dividido en otros cinco, atravesados por una línea continua que parece sugerir un mapa, un diagrama, ¿o es un hilo de tres metros de largo como se indica en el gráfico? Tres metros, aproximadamente, suman los tres hilos que Duchamp utilizó para su obra *Trois Stoppages-Étalon* (1913-1914), donde se contiene un modo de pintura azarosa. Aprender a nadar es saber poner el cuerpo en el agua sin riesgo de oxidación, pero hundirse en la piscina, «atreverse a pintar», dirán los autores del manifiesto de la exposición *1980* (porque no se puede prescindir de la pintura; «si la pintura ha muerto, nosotros necrófilos», ha dicho Alcolea en alguna ocasión).

El segundo epígrafe del libro, «Principio del humor», incide también en la polisemia que tanto interesa a Alcolea (humor como estado de ánimo o como líquido); P. H., como abreviatura o como medida de acidez o alcalinidad de una disolución, pero acidez es un término que, según se utilice, tiene que ver con el sentido del humor. «Propiedad del sentido

(del humor) que cada cual aplica como le da la gana»
(Alcolea, 1980: s.p.), afirmación que puede tener que
ver con la idea (expuesta de modo irónico) de que un
cuadro no puede leerse literalmente. Nada puede
leerse de manera literal (hemos de recurrir a lo sim-
bólico), nada puede mezclarse; «sería lo mismo que
admitir que toda descripción recorra una biografía».

Ángel González ha subrayado el interés que el
libro de Daniel Paul Schreber, *Memorias de un en-
fermo de nervios,* suscitó en Carlos Alcolea, que dedicó un cuadro al presidente de la Corte de Dresde
(*Schreber también escribe,* 1976) y reproduce un
significativo párrafo en *Aprender a nadar:*

> Quien no ha experimentado lo que yo he debido
> pasar, no podrá imaginar hasta qué punto doy im-
> portancia a esa facultad que me era dada de dibu-
> jar. En el desierto infinito de mi existencia unifor-
> me, a través del martirio del espíritu que me era
> impuesto por las habladurías insanas de las voces,
> esto me ha sido muy a menudo, los días y a todas
> horas (Alcolea, 1980: s.p.).

Locura y conocimiento son elementos centrales
en el libro de Schreber, al que Freud dedicó un ensa-

yo, muy matizado después por Deleuze y Guattari, que afirmarán el «enorme contenido político, social e histórico del delirio de Schreber» (Deleuze, 2018: 63). En su libro, Alcolea menciona el pasaje en el que el presidente Schreber se cree sodomizado por los rayos del sol; Bataille escribió que «el aire es la parodia del agua, el cerebro es la parodia del ecuador, el coito es la parodia del crimen» (Bataille, 1996: 72). La pintura parece conciliar contrarios.

La pintura como actividad acuosa es asociable a los escritos de Antonin Artaud: «El arte no es la imitación de la vida, sino que la vida es la imitación de un principio trascendente con el que el arte nos vuelve a poner en comunicación» (cit. en Derrida, 1989 [1967]: 321). Alcolea habría suscrito este razonamiento, como habría suscrito la relación de amor-odio de Artaud con la norma: «Quisiera escribir al margen de las gramáticas, encontrar un medio de expresión más allá de las palabras. Y a veces creo que me aproxima mucho a esta expresión, pero todo me lleva de nuevo a la norma» (cit. en Cabañas, 2013: 17). La presencia del poeta confirma el sentido múltiple que Alcolea atribuye a la pintura, su carácter conceptual, podríamos decir, aplicable a una parte importante de los artistas del grupo, una suerte de figurativismo conceptualista, estudiado de manera minuciosa en la obra de Rafael Pérez Mínguez (Vericat, 2009), del que J. M. Bonet ha destacado una similitud con Klossowski. Una actividad acuosa no discursiva, acuosa como el humor y, de nuevo, con doble sentido.

EL CUADRO, EL CUERPO... Y LA PISCINA

La relación entre el cuadro y el cuerpo está en la obra de Alcolea (y, en general, en los pintores del grupo). Alcolea piensa que la biología está en el agua, no en los cuerpos, identificados con la superficie, sin órganos, como en el *Antiedipo*. Deleuze y Guattari descartan, en su *Rizoma,* la idea del libro como imagen del mundo, y la pintura tampoco debe serlo. Hay una relación rizomática entre libro y mundo, entre pintura y mundo, pero, como el libro, la pintura es imagen intelectual e imagen simbólica del mundo (no es posible el realismo: «Más vale entonces que hablemos del *realismo* como hablaba Baudelaire del "heroísmo de la vida moderna": enca-

154

rando y soportando la vergonzosa sospecha de que la pintura ha sido asesinada por el pintor» [González García, 1981: 9]).

La identificación entre cuerpo (sin órganos) y cuadro es una constante en *Aprender a nadar*. La pintura es una superficie sobre la que «los cuerpos rebotan en su no profundidad» (Alcolea, 1980: s.p.). El cuerpo en el cuadro (y al revés) es una cuestión de simulacro y camuflaje (Picasso le dijo a Gertrude Stein que el cubismo es un modo de camuflaje). Matisse (mencionado en uno de los cuadros más conocidos de Alcolea, *Matisse de día, Matisse de noche,* 1977) ha explicado cómo la naturaleza (y los cuerpos) ha de someterse a las normas de la pintura. Debió interesar mucho a Carlos Alcolea el relato de Marcelin Pleynet de cómo Matisse, partiendo de la pintura de Cézanne y haciendo del color un elemento constructivo, parece aplastar los cuerpos sobre la tela.

La piscina es un elemento principal tanto en la pintura de Hockney como en la de Alcolea, pero la representación del agua es un elemento crucial del impresionismo; es, precisamente, la representación del agua la que coloca la pintura en primer plano, por encima del tema, cuando el arte, como dirá Greenberg, empieza a poner en primer plano los procesos: «La vanguardia imita los procesos del arte, el *kitsch* [...] imita sus efectos» (Greenberg, 2006: 37). Alcolea asocia la piscina y la respiración asmática de los nadadores, el esfuerzo de nadar es como el de pintar; todo el núcleo teórico del libro está en este epígrafe, que ha de analizarse con atención. Pintar es zambullirse en la piscina («tirarse a la piscina», en expresión coloquial); la piscina, como el espacio de la pintura, como el otro lado del espejo, es otro espacio, con sus propias reglas, más allá del «punto cero fingido a través del cual siempre se pretende todo: estética de la ideología o asunto del poder» (Alcolea, 1980). Aprender a nadar, dice Alcolea, es «conjugar los puntos relevantes de nuestro cuerpo con los puntos singulares de la idea objetiva». Aprender a nadar es aprender a pintar, y esto es ser conciencia de lo analizado más que analizar, ser conciencia de lo representado más que representar: «El análisis nunca debe acabar en una forma crítica, sino en un compromiso con lo analizado. Siempre terminas por enamorarte del objeto de análisis» (cit. en Rivas, 2011b [2002]: 367). «El agua y la locura están unidas desde hace mucho tiempo en la imaginación del hombre europeo»; la cita, incluida en el libro, es de *Historia de la locura en la época clásica,* de Michel Foucault.

«Inmersión-interminable» es el octavo capítulo del libro, el último. Hay toda una propuesta estética que pasa por Valloton, del que Duchamp habló muy bien: «Siempre sentí una debilidad por él porque vivía en una época en que todo era rojo o verde y él usaba los pardos más profundos, tonos fríos y apagados; estaba anunciando la paleta de los cubistas» (Cabanne, 2013 [1967]: 229). Valloton es, afirma Alcolea, el resultado de menos Munch y más Ingres, más baño turco, «cuerpos rellenos de carne a punto de estallar. Lo de dentro y lo de fuera»; pero ¿no era este el objetivo de la pintura moderna, pintar la esencia, lo de dentro, desde la apariencia exterior? Los modelos, sin duda, eran otros, pero en la visión acumulativa de Alcolea es posible esa superposición histórica.

«Dentro y fuera del cuadro, pero en el cuadro / posicionalidad, pero ¿de quién?» (Alcolea, 1980: s.p.), parece un principio fundamental en la teoría de la pintura de Alcolea, el pintor (y el espectador) están dentro y fuera de la pintura como el nadador está dentro y fuera del agua. Pintar es emprender un viaje, como nadar. *El largo viaje o la pintura como vellocino de oro,* un cuadro pintado en 1982 por Guillermo Pérez Villalta, es elocuente en este sentido.

Pintura más allá de los cuadros, como un continuo, escribió Quico Rivas a propósito de una exposición de Alcolea:

> Si no hay muchos cuadros que ver en la exposición de Alcolea, tan solo cuatro, sí hay mucha pintura que ver, y cada cuadro promete no agotarse con una mirada, ni con dos ni con tres. Y no es esto poco al referirse a un cuadro, acostumbrados como estamos en el ejercicio de esta profesión a agotar exposiciones enteras aun antes de mirarlas [...] invitaciones a la zambullida [...] seducciones a la retina que prometen un viaje ininterrumpido, un deslizamiento continuo (Rivas, 1980).

Ocultarse

Pintura haciéndose el muerto. Ezra Pound acusó a Thomas S. Eliot en alguna ocasión de «hacerse el muerto». Virginia Woolf fue más explícita, «le acusó de tener menos credibilidad que un cadáver» (Palomares, 2004: 99). Así que la expresión es, sin duda, multidireccional. Igual que el título del libro, que reproduce una afirmación de Mallarmé: «Cada vez que comienza un cuadro, [Manet] se zambulle de cabeza en él, como quien sabe que su plan más seguro para aprender a nadar, aunque parezca peligroso, es echarse al agua» (Mallarmé, 1876: 96).

En una ocasión dijo Alcolea que la imagen que quería dar era la del «mimetismo. No quiero ser visto para poder ver bien a los otros» (Rivas, 2011b [2002]: 370). Sabía bien que el mayor de los éxitos radica en la ocultación. Pintura haciéndose el muerto puede ser la clave de la pintura de Alcolea.

El mismo pintor señalaba alguna contradicción aparente: «Mi pintura era abstracta, pero mi dibujo brotaba totalmente surrealista» (Franco, 1997: 12); solo aparente, porque no hay una condena explícita a la pintura abstracta en *El surrealismo y la pintura,* de Breton. José Pierre ha dado algún detalle de la compatibilidad entre surrealismo y pintura abstracta ya en la posguerra; Breton tuvo un papel relevante en la selección de la primera exposición de la galería Art of this century, abierta en 1942, propiedad de Peggy Guggenheim y que presentaba una visión personal de su colección; en el catálogo, junto con los manifiestos futuristas, un texto de Max Ernst («Aspiraciones al orden», 1932) y otro de Ben Nicholson («Notas sobre el arte abstracto», 1942) (Pierre, 1991: 32).

Aprender a nadar forma parte de la obra de Alcolea, de la que Juan Antonio Aguirre señaló como principales características su «formato grandioso y paciente trabajo a través de una imagen de clave autobiográfica y afinada puesta en escena» (Aguirre, 1977: 50). La autobiografía parece una de las claves del grupo: «Yo estoy aquí —le escribía Rafael Pérez Mínguez a J. A. Aguirre [en 1973]— sufriendo y aprendiendo, como se hace siempre que se viaja, y buscando aún, en lo que no es, mi propia imagen» (González García, 1981). Una obra que, a su vez, formaría parte de «un paisaje abierto, aunque afilado; nítido, aunque permeable» (Bonet, 1979).

El agua y la pintura, además de una de las más recurrentes asociaciones en el imaginario de Carlos Alcolea, es el título de un texto escrito en 1984 y publicado por la revista *Lápiz* en el contexto de un interesante dosier sobre la presencia del agua en la historia de la pintura. El artículo puede considerarse un epígono de su libro *Aprender a nadar*. El agua, dice Alcolea, nos tienta como «ilusión amniótica de un mundo primitivo e inconsciente» (Alcolea, 1984: 44), nos precede y nos sucede; «mientras alguien se ahoga en su propio llanto [como en alguna conocida pintura de Roy Lichtenstein, o como Alicia, por supuesto], el Ródano continúa deslizándose» (Alcolea, 1984: 44); el agua es un mundo sin mapa (no puede ordenarse, es inefable) ante el que es mejor zambullirse que resistir («Narciso hubiera podido ser Alicia de haberse zambullido. Eligió el aburrimiento»); la pintura es «agua adhesiva» que, al evaporarse, deja ver los cuerpos en suspensión. Es el contacto con el color lo que hace permeable (visible, hemos de entender) la idea. Un mapa del agua debería ser tridimensional (aquí el *Mapa ilimitado,* de Chema Cobo, 1990). Agua en la que el contacto con el color hace permeable y visible la idea. En realidad, el escrito trata (sin mencionarlos) de la *Bacanal* de Tiziano, el *Baco* de Caravaggio (un verdadero fetiche para Alcolea), *La balsa de la medusa* de Gericault, las *Ninfeas* de Monet y *Étant donnés* de Duchamp. En un siglo «la escena ha ido quedándose vacía» (Alcolea, 1980: 45), el naufragio lo es, en realidad, de la pintura. El agua (como absoluto, como lugar de vida) y la pintura son la misma cosa. Hay que estar dentro de las dos:

> Cuando estoy en el cuadro, no tengo conciencia de lo que estoy haciendo. Solamente después de un tiempo de lo que se puede llamar «conocerse» veo lo que he estado haciendo. No temo hacer cambios, destruir la imagen, etc., porque el cuadro tiene vida propia. Lo que intento es que surja esa vida. Solo cuando he perdido el contacto con el cuadro se produce el caos. De otro modo es armonía pura, un fácil dar y tomar, y la obra sale bien (Pollock, 1947, en Chipp, 1995: 582).

La pintura, como el agua, atrae y puede ahogar: aprender a pintar es aprender a nadar, es aprender a mantenerse despierto, vivo, en el agua, en la pintura; pintar haciéndose el muerto puede ser de gran utilidad, hacerse el muerto es quedarse quieto, flotar, estar al pairo, camuflarse. En realidad (hay una fotografía de Alcolea, en el catálogo de su exposición póstuma de 1998, de la época de su servicio militar; los que hemos pasado por esa intensa experiencia sabemos de la utilidad de «pasar desapercibido», el consejo más frecuente en ese trance), en el fondo, se trata de resistir al agua, como lo hace, una vez seco, el acrílico que tanto usó Alcolea, se trata de resistir.

Puede que sea una empresa llamada al fracaso la de poner en relación el libro y la pintura de Alcolea, que fijó muy cuidadosamente estos vínculos, porque, como escribió Proust, «la pintura solo puede alcanzar la realidad única de las cosas, y rivalizar así con la literatura, con la condición de no ser literaria» (Proust, 2012: 15). Pero el libro es un conjunto de citas, momentos y evocaciones, como la obra de Alcolea, rizomático, como la historia construida del grupo al que, con reservas (González hablaría de «constelación del hongo»), perteneció Alcolea, que, como pintor, tenía más raíces de las que la exposición *Los esquizos de Madrid,* de 2009, daba cuenta: Duchamp, Dalí, Chirico, Hockney, que, en cierta medida, trazaban un magma estético y teórico integrado por el surrealismo y el pop. Solo tímidamente la exposición relata hasta qué punto el grupo se erigió en alternativa consciente (muchos artistas, Juan Antonio Aguirre entre otros, lo han subrayado) al informalismo y al realismo; en el caso de Alcolea (y hay algunas claves en el texto analizado), sin trazar una línea decidida entre arte conceptual y pintura (pese a esa pasión por la pintura que mostró siempre) y, siendo muy deleuziano, moviéndose en los parámetros de la reflexión de Duchamp sobre la pintura retiniana. En este sentido, el texto se erige en alternativa a otros anteriores, tanto los más o menos unamunianos del grupo El Paso como los más claramente políticos del realismo. El texto de Alcolea no es político, en el sentido clásico del término, no es teórico (en todo caso esquizoanalítico) ni es identitario; en 1980, cuando se publicó, todavía no había llegado el momento de los nuevos ibéricos, en el que se instaló en el «poder cultural un cierto ruralismo tradicionalista» (Barañano, 1998: 163). En todo caso, el grupo quiso gestionar un eclecticismo evidente, como ha contado bien, ya lo hemos visto, Carlos Franco.

El corolario a todo esto podría ser el guion que Alcolea escribió para un programa de televisión dedicado a Marcel Duchamp en 1984 (el año de las exposiciones simultáneas de Cézanne y Duchamp en

164

Madrid) que nunca llegó a rodarse y algunos de cuyos pasajes reprodujo Quico Rivas (2011b [2002]: 362, 363, 364); si es verdad que uno llega a enamorarse del objeto analizado, a identificarse con él, a Carlos Alcolea le interesaba el hecho de que Duchamp provocara «a los mirones a pintar para otros mirones», que pasara desapercibido, que fuera tímido, que se dejara tentar por el erotismo; el hecho de que en *Étant donnés*

> el exterior es interior. El ojo debe acostumbrarse rápidamente a no privilegiar ninguna sensación [...] es una nueva máquina lo que tenemos ante nosotros: máquina que funciona sin exteriorizarse, porque no tiene interior; visible, pero a condición de no retener la imagen, secreta, silenciosa (Rivas, 2011b [2002]: 363).

Es la apuesta por la pintura total.

Capítulo 5

Nuevas (y no tan nuevas) narrativas. Historia y memoria

Los años setenta, de aparición en España de una pintura figurativa, conscientemente ecléctica y menos política, aparentemente al menos, son también tiempos de inicio de una revisión disciplinar muy profunda en el ámbito de la historia del arte. En primer lugar por la puesta al día que supone la publicación de la obra de historiadores clásicos e imprescindibles, de Julius von Schlosser a Meyer Shapiro, pasando por algunos ya citados, como Erwin Panofsky y Ernst H. Gombrich, que representan (aunque el segundo de manera más heterodoxa) las tendencias iconológicas, que bien podrían relacionarse con las propuestas mitológicas de Guillermo Pérez Villalta (cuando menos, darían herramientas a los críticos para analizarlas), el fluido diálogo de Carlos Franco con la tradición de la modernidad (con Monet, por ejemplo) o la mirada de Carlos Alcolea a la pintura veneciana. Podrían ponerse muchos más ejemplos.

Al mismo tiempo, un grupo de historiadores del arte jóvenes llevará a cabo una revisión a fondo de algunos aspectos poco tratados tradicionalmente en España, como la teoría del arte, leerá la historia del arte español en clave europea e incorporará a la disciplina asuntos antes menos tratados como la cultura de masas, y la semiología y la sociología del arte serán herramientas muy relevantes en este sentido. Basta mirar los catálogos de esa época de editoriales como Cátedra, Alianza o Gustavo Gili, que dio un importante impulso a la teoría de la arquitectura.

En este contexto, se construye una apresurada historia de la pintura de los años setenta y ochenta casi al mismo tiempo que se produce. En los ámbitos de la crítica, tiene lugar un relevo generacional que, en general, vincula la crítica con la historia del arte, que será la herramienta principal de los críticos (hoy en día la referencia principal de una parte importante de los críticos parece ser la estética, la filosofía, que presenta en la actualidad unos importantes mecanismos de divulgación). Así que, junto con la construcción de la historia de la pintura moderna, se reelerá el arte español y se consolidará el relato normalizado de la transición. Los argumentos de la crítica servirán a la canonización de la pintura de los setenta y puede que también a su posterior olvido institucional.

Revisar la historia

Entre noviembre de 1974 y mayo de 1978 la Galería Multitud de Madrid llevó a cabo una serie de exposiciones que aportaron una nueva mirada al arte español del siglo xx. Una parte sustancial de los textos se recopiló después en una exposición documental que dio lugar a un catálogo tan austero como interesante (Valle-Inclán y Dueñas, 1995). La vanguardia española (redescubierta desde los años ochenta), la Barraca de Lorca y Ugarte, el surrealismo en España son asuntos que interesaron a los autores de los textos de Multitud (Francisco Calvo Serraller, Ángel González y Jaime Brihuega, entre otros).

El último asunto, el del surrealismo, que interesó poderosamente a los artistas de la figuración madrileña y que había sido una auténtica bestia negra para la crítica de la posguerra, reviste una cierta importancia, primero porque a lo largo del texto se le atribuye un sentido casi atemporal, y, por eso, una larga vigencia; el surrealismo es una «práctica de existencia, que es el único aval para "salirse de la historia", proyecto que subterráneamente ilumina toda creación artística, pero que el surrealismo pretendió asumir conscientemente» (González y Calvo Serraller, 1995 [1975]: 15-16). El surrealismo no fue nunca arte oficial en el franquismo, pero sí un refugio de la vanguardia en la primera posguerra, y aunque fue convenientemente depurado por la crítica, los artistas de la Nueva Figuración mostraron gran interés por el movimiento de Breton.

En la Galería Multitud se estudió también la pintura regionalista española, a la que se trató como un fenómeno de gran complejidad (antes de las grandes exposiciones como *Centro y periferia. La modernización de la pintura española, 1880-1918,* de 1993) y, atendiendo a los problemas de la pintura, igual que la pintura de paisaje y la figura de Carlos de Haes. Se ocuparon de la pintura española de posguerra, señalando (era 1976) la inexistencia de un estilo falangista y la idea de que la política artística del franquismo lo fue, en gran medida, de «protección selectiva», lo que, como se ha demostrado en trabajos posteriores, no resta complejidad al fenómeno ni a la época, antes al contrario. Lo mismo vale para la obra de Carlos Sáenz de Tejada, que tenía más su sitio en el diario *ABC* (como Luis Bagaría) que en las portadas de *Vértice. Revista nacional de Falange;* en todo caso, estaba muy alejada de la estética fascista clásica. Este interesante conjunto de textos podría leerse como un ensayo general para la nueva crítica de los últimos setenta y los ochenta.

Resulta útil enfrentar estos escritos con los que componen el relato de la extraña aportación de España a la Bienal de Venecia de 1976 (Bozal, 1976), porque ahí están las dos visiones que polemizarán, al año siguiente, en Santander en el mencionado curso *La vanguardia artística: mito y realidad*. El relato de Venecia parte del Pabellón Español de la Exposición de París de 1937 y explica el arte que se hizo en el franquismo (al menos una parte) como un intento de «restitución de la modernidad» (es el título de un manual de literatura de la misma época) cuyos elementos fundamentales serán la abstracción (arte oficial del franquismo durante un tiempo) y el realismo político, cuyo final se decretará en el curso citado, en uno de cuyos frentes se celebrará el retorno a la pintura cálida y placentera.

Los debates sobre la Bienal de Venecia de 1976 y el curso de 1977 en La Magdalena tendrán continuidad en el volumen del *Summa Artis* que, en 1992, Valeriano Bozal dedicó a las artes plásticas en España después de 1939, sobre todo porque el autor contesta los textos más conocidos de Juan Manuel Bonet y Francisco Rivas después de justificar el contenido de la exposición de Venecia.

Un (gran) texto para Carlos Alcolea

Podemos considerar el texto del catálogo de la exposición póstuma que el Museo Reina Sofía dedicó, en 1998, a Carlos Alcolea un verdadero hito historiográfico. Lo firma Ángel González, cuya obra merecería un estudio detenido, y constituye el intento más serio de explicación del grupo y la época a través de uno de sus artistas más singulares. En todo el escrito subyace la idea (apuntada por Valeriano Bozal en el trabajo citado) de que se trata de un grupo basado en la amistad y la afinidad, lejos de lo orgánico y lejos de cualquier autoproclamación vanguardista. El tono retórico del texto, desde los inicios («y tú, lector, antes que nada, has de saber que Carlos Alcolea está muerto»), no es un asunto menor, porque la fuente principal del escrito es la amistad de González con Alcolea, a partir de la cual se busca la complicidad del lector. Desde el punto de vista de la interpretación textual que intentamos, es casi más importante enumerar los asuntos de los que no se habla: apenas se habla de arte español y se habla poco de la pintura contemporánea a la de Carlos Alcolea (algo, pero no mucho, del grupo de los «esquizos», término con el que Alcolea nunca se identificó), y está muy presente en el escrito de González la pintura veneciana que obsesionaba a Alcolea.

Se habla también de Duchamp, del pintor como héroe, como resistente que, a través de su arte, reconstruye toda la tradición de la pintura. De la obsesión de Alcolea por el agua, de su condición de asmático y la relación del asma y la natación, de que aprender a nadar (título del texto más conocido de Alcolea, del que ya hemos hablado) es, en realidad, aprender a pintar.

González habla también de la falta de límites de la pintura de Alcolea, donde no hay dentro y fuera, ni perspectiva ni profundidad, sino capas, color, cuerpos sin órganos (Schreber, Deleuze). De manera deliberada, González elude hablar de una genealogía del pintor, subraya su condición autodidacta, su temperamento de gran lector ambicioso y desordenado (Proust, Carroll, Sartre, Marx, Deleuze, entre otros), y fija la imagen de Alcolea como pintor singular y aislado. El método de González (no solo en este escrito) procede por asociación, del interés de Alcolea por la *Pietà* de Tiziano del Museo de la Academia de Venecia y su particular e interesante lectura, que ve en la bóveda del fondo un gran ojo, a la idea de Cézanne de la pintura como mirada, como pura pintura (más allá de su condición figurativa), como suelo y sedimento, como capas de color que no se eliminan. La caída de Alicia por el túnel que la lleva al país de las maravillas, en que coge un tarro de mermelada vacío, se asocia con una alacena de Cézanne, un artista muy presente en el texto (y en el imaginario de Alcolea); tienta pensar que González tenga como referencia el libro de Joaquim Gasquet sobre el pintor francés. Todo el texto (como otros del autor) parece rezumar la convicción de que la pintura no puede interpretarse, de que solo puede construirse una narración paralela (que es una de las tesis de Derrida en *La verdad en pintura,* que González ha citado en alguna ocasión).

Hablando de Carlos Franco y sus pinturas mitológicas, Ángel González (2007) se pregunta si el tema principal de la pintura de Franco es el paisaje (el lugar) o la escena mitológica que se narra. Pare-

ce concluir que, como en la obra de Claudio de Lo-
rena, en la de Franco la historia es un pretexto para
pintar un paisaje. Franco es, entonces un paisajista,
un pintor de lugares, como el último Cézanne, que
pintaba el Monte Saint Victoire sin tener en cuenta
que, en al año 102 a.C., fue el campo de batalla en
el que las legiones de Mario se enfrentaron a cim-
brios y teutones. En Carlos Franco todo es paisaje
(con figuras).

El descrédito de la vanguardia
y el crédito de la transición

En 1980 apareció en España un texto de Georg
Jappe (1978) que hablaba de la eterna crisis de la
crítica. Se incluía en un libro muy publicitado en su
momento y que podríamos considerar un síntoma
(aunque todos lo sean) porque trata casi todos los
asuntos que van a ser objeto de debate en los inicios
de la década (Combalía, 1980). El título *(El descrédito de las vanguardias artísticas)* es casi una sentencia (pos)conceptual, que se confirma tras su lectura; «a modo de conclusión, es preciso subrayar que

176

la gran aportación de Marx es haber reconocido este papel activo a lo estético y artístico, sin dejarle depender de otras instancias» (Marchán, 1980: 37). Este reconocimiento de la autonomía de la obra de arte es hoy un clásico, pero en los años setenta no lo era tanto, como no lo era la reflexión sobre lo abstracto de Javier Rubio (Trama, Pleynet) y, en fin, la idea de que el binomio arte y política, argumento central del libro, debe resituarse.

Me gustaría relacionarlo con otro, publicado en 2000 y que recoge algunos textos de crítica de arte publicados en el diario *El País* entre 1976 y 2000 (Calvo Serraller, 2000), más o menos el arco cronológico que nos ocupa en esta revisión historiográfica. En el prólogo se establece que la historia de nuestra modernidad artística coincide, básicamente, con el establecimiento de la democracia y, es obvio, con el desarrollo del diario *El País;* incluso el compilador relaciona indisolublemente los conceptos de democracia y modernización artística: «Si fácticamente hubo exposiciones en España, nunca pudieron ser cabalmente modernas; esto es: libres y públicas hasta la definitiva instauración de un sistema democrático» (Calvo Serraller, 2000: 9); es un principio, ya se sabe, muy del gusto de Alfred Barr Jr., René d'Harnoncourt y, en general, de los dirigentes del MoMA de los años cuarenta y cincuenta. No todos los textos, se nos dice, son propiamente críticos, hay también crónicas de exposiciones (¿la crónica no es una crítica?) escritas por artistas o personas que no son críticos de arte (en realidad, la crítica ha sido en muchas ocasiones una actividad ocasional). Se reseñan, aproximadamente, la mitad de las doscientas cincuenta exposiciones de gran relevancia que ha habido en España entre 1976 y 2000.

Pero brillan por su ausencia algunos argumentos polémicos (basta confrontar el libro con una cronología del periodo para comprobarlo), como si hubiese querido escribirse una historia tranquila, sin conflictos; por ejemplo la Bienal de Venecia de 1976 (es el año en el que se fecha el primer texto del libro, uno de Santiago Amón sobre Alberto Giacometti), cuyos debates tuvieron reflejo puntual en el diario; las polémicas de los primeros ochenta entre los críticos partidarios de la pintura y quienes no lo eran tanto; por no ser exhaustivos, la polémica exposición *Magiciens de la Terre* y su epígono español, *Cocido y crudo,* realizada por el no menos polémico Dan Cameron y que formaba parte, aunque se retrasó, de los fastos de 1992. El primer texto que habla de Barceló está escrito en 1994, y en los noventa el libro se vuelve algo más «etnológico», con alguna referencia al arte precolombino, que tuvo algún papel en la celebración del Quinto Centenario del inicio de la colonización americana. Sobre la primera ordenación de la colección de arte español del Museo Reina Sofía, de Madrid, que pasa así, según se dice, de *kunsthalle* a *kunstmuseum,* se ha seleccionado un texto escrito desde la asepsia más escrupulosa, más cercano a la memoria administrativa que a la crítica, o la crónica. En fin, el libro se cierra con un artículo de Javier Maderuelo de título ilustrativo, «Ascensión y caída de las instalaciones», una opinión tan negativa como genérica sobre los *projets room* de ARCO correspondientes al año 2000. Y en el libro aparecen los nombres de Mapplethorpe o Kavakov (es un ejemplo), pero nadie pensaría que hay alguna correspondencia en España de su arte.

Se prima la pintura, y hay más atención (aunque no mucha más) a la década de los ochenta que a la de los noventa. La inmensa mayoría de los textos vienen firmados por Francisco Calvo Serraller, compilador del libro. A lo largo de sus páginas se evocan algunos de los argumentos sobre los que reflexionó la crítica del periodo; Santiago Amón niega a Hockney la condición de artista pop en 1976. En 1989, Fernando Huici reconoce la pertenencia de Equipo Crónica «a las vertientes más críticas de la familia pop», lo que recuerda que en los años ochenta ha tenido lugar una evidente apertura del término, cuyos mentores aparecen con frecuencia en el libro, como intentando confirmar que dicha década fue la de las figuraciones. De hecho, en octubre de 1989 aparece un texto sobre Hopper, de quien Francisco Calvo Serraller afirma que es el pintor de la desolación (algo que el cuadro que se ha reservado para la portada del libro no confirma) y que fue promocionado y apreciado por Alfred Barr, lo que le convertiría en un artista de vanguardia.

Hay más asuntos. Mariano Navarro relativiza la obra, y sobre todo la influencia, de Picasso, que se mezcla con la creación apresurada, en la España de los ochenta, de la tradición de lo nuevo. El día 3 de marzo Enrique Lafuente escribe sobre una memorable exposición de Cézanne y, el mismo día (y ambos textos se han antologado), Victoria Combalía se ocupa de otra (no menos memorable) de Marcel Duchamp, ambas en Madrid. La fortuna de Dalí crece a lo largo del tie mpo desde que en 1983 Tàpies constate la rentabilidad de haber sido franquista; ese año tendrá lugar la exposición *400 obras de Salvador Dalí,* «la muestra más grande jamás montada», según dice Calvo Serraller en una pregunta más bien retórica. En este contexto, resulta de una lógica aplastante el texto de Javier Rubio sobre Willem de Kooning, su defensa de la pintura frente a «la dieta adelgazante del arte contemporáneo».

ARCO es todo un tema: los enfados de Antonio Saura, la visión acerada de Vicente Verdú («una emoción asegurada al visitante es, por tanto, la fatiga»), el rechazo de la transvanguardia, la constatación de que el balance de la feria se expresa siempre en número de visitantes y nunca en cifras de ventas, y así seguimos, al parecer. En general, sobrevuela la idea de que España llega tarde a todo. El libro, además, es más bien una manifestación de alta cultura, atento sobre todo a las grandes exposiciones, más que al debate crítico, más atento a los ochenta que a los noventa y, en coherencia, mucho más atento a la pintura que a cualquier otra manifestación estética, especialmente a la gran pintura, al desembarco en España de las grandes figuras, como obsesionado por confirmar el binomio del prólogo entre modernización y democracia.

(Auto)lecturas. De Buades a los esquizos

Algunas exposiciones han narrado, con vocación de totalidad, la pintura de las dos décadas. Destacaremos *Galería Buades. 30 años de arte contemporáneo* (2008) y *Los esquizos de Madrid* (2009). En los dos casos, la presencia de los protagonistas es considerable y los relatos se escriben en persona, mucho más desde la memoria que desde la historia (esta se ha escrito, más o menos tímidamente, en otras narraciones que veremos después). En la primera exposición es relevante el texto de Juan Manuel Bonet, primer director de la Galería Buades y que hace casi una cronología glosada, repasando todas las temporadas de la galería, limando los debates (con Trama, por ejemplo) y excluyendo en gran medida el contexto, aunque sugiera algunos nombres que ayudan a intuir el universo de influencias de artistas y críticos implicados, como un Rafael Pérez Mínguez «que leía a autores tan poco "correctos" como Ernesto Giménez Caballero o Ramiro Ledesma Ramos» (Bonet, 2008: 27), amigo de Saura, menos discípulo de Gordillo que otros y que tenía afinidades con Pierre Klossowski. En 1974, Bonet dimite como director de la galería (lo había sido a propuesta directa de Mercedes Buades) por las excesivas presiones a las que le sometían Carlos Alcolea y Rafael Pérez Mínguez. Queda claro el interés por Guerrero, Motherwell o Matisse, la afinidad que Alcolea verá entre Manolo Quejido y Félix Vallotton y otras referencias, como la presencia, en el periódico de Buades, de textos, firmados por el propio Bonet, dedicados a Erik Satie y Ezra Pound, «dos de mis faros en términos absolutos» (Bonet, 2008: 46). El periódico incluyó una entrevista de Stuart Morgan a Josep Beuys y parece que cumplió el amplio objetivo de sus fundadores, que, en el primer editorial, dejaban clara su intención: «Informaremos solo de aquello que nos parezca —por interesante, por lamentable— más significativo» (cit. en Fernández-Cid, 2008: 76).

Lo más interesante del relato es la red de vínculos que habría que ir analizando, las relaciones de la galería con el MEAC, por ejemplo; por lo demás, cuenta la historia de la preponderancia de los pintores figurativos, con algún conceptual (Carlos Pazos, Nacho Criado), en el periodo que va de 1973 a 2003. Se nota, viendo la lista de participantes en la primera exposición, *Propuesta de temporada,* que el grupo de la galería se fue depurando hasta constituir «el último verdadero retrato de grupo coherente y estrechamente vinculado al arte español» (Montes, 2008: 57); se excluye que haya, para la galería, un antes y un después de la desaparición del general Franco.

Los que no formaron parte del grupo describen el desenlace del arte de la época como un fracaso, el momento en que se abre la brecha de una gran crisis (Castro, 2008: 82). No hay que descartar que esta sea una de las razones del olvido, la aparente falta de una política de promoción artística alternativa a la de la dictadura, la tentación victoriosa de lo español.

El catálogo recoge una entrevista con Mercedes Buades que no tiene desperdicio. Explica con gran claridad, por ejemplo, las razones del fracaso de la promoción internacional de los artistas de Buades:

> Habíamos acudido al East Village aconsejados por los neoyorkinos de Buades; es decir, Luis Frangela, Keiko Bonk y David Wojnarowicz. Pero no fueron muy receptivos. Al enseñarle unas transparencias de la obra de Alcolea a Mary Boone, que en aquel momento llevaba autores como Julian Schnabel y David Salle, mostró la más absoluta indiferencia. Lo mismo con el *Taco* de Quejido [...] a Pérez Villalta lo veían como un pintor costumbrista, no comprendían su narrativa, su complejidad (López Munera, 2008: 111).

No respondían a la imagen de «lo español», al parecer.

Todo el catálogo (en realidad, como se advierte al comienzo, es más un libro celebrativo de la exposición de la Galería Buades en el Patio Herreriano que un catálogo) habla de la trayectoria de la galería como algo azaroso, casual, sin un plan establecido, una institución a medio camino entre la alta cultura y la contracultura (o con tentaciones contraculturales, al menos). En su entrevista, Mercedes Buades habla también de la falta de capacidad para la autopromoción de los artistas de la galería, con un pronunciado lado dandi que se nota con claridad en los textos críticos.

Pero hay como una actitud alternativa que podría ser otra razón del olvido (parece más olvido que fracaso), una incapacidad del sistema público para acogerlos, seguramente porque no respondían a la imagen de España. Esto tiene que ver con la teórica inclasificabilidad que ellos mismos creen tener como condición, no deja de ser una forma de (auto)canonización.

Los esquizos de Madrid, exposición celebrada en 2009 en el Museo Reina Sofía, parece tener vocación de narración definitiva, pero la mayoría de los autores cuentan una historia que es la suya propia. La exposición, organizada por Francisco Rivas, que falleció poco antes de su inauguración, tuvo como comisarios a María Escribano, Juan Pablo Wert e Iván López. El texto de la primera (Escribano, López y Wert, 2009) es, directamente, un ejercicio de memoria, muy equilibrado y exacto, de un grupo culto y provocador, que tenía la sensación de leer «cosas que nadie leía» (Escribano, López y Wert, 2009: 18), como Nietzsche, Deleuze, los situacionistas y Debord, seguidor del conceptual de Fluxus, el futurismo o la pintura metafísica y muy crítico con el arte español. Un grupo que parece buscar reacciones como la de Aguirre cuando encuadra los dibujos del joven Carlos Franco en un «género narrativo que no corresponde a ninguna época concreta» (Escribano, López y Wert, 2009: 22).

La perspectiva de Iván López es muy diferente, planteando la pintura de los esquizos como una reivindicación política (desde el principio de que lo personal es político) y su inserción en la década de los setenta, al margen de la nueva figuración italiana y de los neoexpresionismos con los que se les asoció. Para Munera es más bien un reflejo de la España excéntrica de los años setenta (del desarrollo caótico de las ciudades, por ejemplo).

Juan Pablo Wert entiende, con razón, que la principal seña de identidad del grupo es la práctica de la pintura, junto con una posición *extravanguardista* (Escribano, López y Wert, 2009: 41). El fenómeno de la Nueva Figuración Madrileña despegó gracias a Juan Antonio Aguirre y se desarrolló con ayuda de un «frente crítico» de actitud abierta y cosmopolita, el eclecticismo como derecho (de los artistas) y el gesto insurrecto ante cualquier discurso político, un componente pop y otro camp.

En general, se desarrolla la idea de grupo incomprendido, erróneamente asociado con la transvanguardia y los neoexpresionismos. Entre el recuerdo y la nostalgia. José Vericat analiza el paso de Rafael Pérez Mínguez de la pintura a la fotografía desde una perspectiva tan inexplorada como interesante: desde los supuestos del *minimal,* el *land* (Smithson) y el arte conceptual, el artista deshace los principios del expresionismo abstracto desde dentro y llega, por la vía del análisis del signo, a la fotografía; no es una cuestión de relevo, sino, más bien, de gestión de la crisis de la pintura de caballete; manejando el concepto de pintura dialéctica; pero es una vía muy poco explorada en un catálogo en el que predomina la evocación, que se ve reforzada por los textos de época, no solo en la espléndida antología que ofrece el libro, sino en la parte que corresponde a los ensayos. Se trata, en general, de un ejercicio de autoconstrucción que, por otro lado, no suscitó grandes reacciones. «El grupo es fruto de la casualidad», escribía Patricia Ortega en *El País* (2 de junio de 2009). Fernando Huici vincula la pintura de los esquizos con lo posmoderno y su diferente uso de la tradición.

La exposición, por otro lado, establece como posibles antecedentes a Duchamp, Dalí (Fernando Huici recuerda la fraternidad de los dos artistas), Chirico, Hockney, Kitaj, Hamilton, Katz y Stella.

LA DESAPARICIÓN

Casi no hay un papel, más allá de las alusiones puntuales, a la pintura de los setenta en el proyecto *Desacuerdos,* que nace con vocación de hito historiográfico y cuyos autores lo definen como un proyecto de naturaleza colectiva, rizomática y descentralizada (una declaración de intenciones que sería muy saludable para cualquier ciencia social pero que no es seguro que termine de cumplirse).

En 2011, una publicación del Museo Reina Sofía realizada al hilo de la nueva ordenación de la colección llevada a cabo por Manuel Borja-Villel en 2009

resitúa la pintura de los setenta (Borja-Villel, 2011).
Para empezar, la pintura ocupa un lugar bastante
escaso en el volumen. El único texto en el que se
habla de la pintura de esta época viene firmado por
Jesús Carrillo, entonces jefe de Programas del Museo, por lo que hay que suponer que su trabajo recoge la propia posición de la institución. Más que na-
rrar la historia, el texto (todos los del libro, en realidad) explica cómo debería construirse, opta por
la exposición como hilo argumental y deja clara la
preponderancia, en la época, de otras prácticas artísticas distintas de la pintura, aunque con respecto
a esta da una clave interesante y puede que poco explorada: la compatibilidad, en la obra de estos artistas, del refugio en prácticas «antiguas» (el término
es del autor) y su implicación vital en la cultura popular: «gustos y pulsiones vitales en que se mezclan
lo político y lo frívolo, lo culto y lo popular, lo moderno y lo antiguo, lo local y lo internacional» (Carrillo, 2011: 71-72). El autor acaba preguntándose
por qué la radical transformación de la colección no
dio lugar a ningún debate mediático ni, sobre todo,
académico. Parece, en cualquier caso, lo habitual.
Todo el volumen se organiza bajo el parámetro de

muerte del autor (Barthes, Foucault), que es un término inaplicable a los artistas a que nos referimos.

No hay mucho más, desde el punto de vista del relato general, hasta llegar a la solemne declaración de fracaso de la pintura española que abre estas páginas.

Epílogo

No lograron los esquizos ser los pintores oficiales de la transición; en realidad, lo impidieron muchas cosas y puede que no en este orden: la prolongación artificial de la vigencia del informalismo, cuyos artistas siguieron representando a España muchas veces en los certámenes internacionales, y también una crítica que parecía estar dirigida, sobre todo, al consumo interno. Por eso en la mayoría de los casos los críticos renunciaron a la exégesis y optaron por la reafirmación, los mensajes ocultos o la erudición frente a unos cuadros que reclamaban una interpretación. La extensión del pensamiento posmoderno, interpretado con cierta ligereza, contribuyó no poco a esa debilidad. El carácter interno se nota, incluso, en los mejores escritos, como el que dedicó Ángel González a Carlos Alcolea en la exposición de 1998 que hemos analizado.

En el ámbito de Trama, por ejemplo, Jiménez Losantos ha afirmado que sus textos de esa época eran ilegibles; es muy cierto que lo eran, pero no está nada claro que esa ilegibilidad fuera intencional. Por otra parte, algunas de las cuestiones que suscitaban los artistas, la vigencia de una estética mediterránea, esas actitudes cosmopolitas y cultas invitaron poco a la promoción internacional en una España donde todo parecía ser joven y fácil y que había convertido a Joan Miró (sus obras más conocidas y menos problemáticas) en pintor oficial de la transición (Parra, 2018).

A la incapacidad para expandir la reflexión teórica se sumó un entusiasmo no justificado del todo, una crítica claramente dirigida al mercado, que afirmaba la imagen de modernidad que vendían los gestores políticos (aquellos que opinaban que España era un buen lugar para hacerse rico), artistas que conseguían difundir su obra en condiciones inmejorables, empresas que hacían sus grandes colecciones en un contexto de intensa especulación inmobiliaria y críticos que podían comisariar exposiciones, escribir sus catálogos y reseñarlas en los periódicos, en una curiosa suerte de autosuficiencia.

La crítica no generó debate, ni teoría, ni análisis, ni juicio, ni independencia, solo entusiasmo y dejación de responsabilidades; «a juzgar por el escaso éxito del arte español contemporáneo y del actual descrédito de la crítica, aún estamos pagando aquella apuesta perdida» (Verdú, 2012: 129).

En las sucesivas ordenaciones de la Colección de Arte Español del Museo Reina Sofía, esta generación ha tenido siempre un espacio más bien reducido. Al principio, por la presencia rotunda del «informalismo todopoderoso», que diría Aguilera Cerni, como argumento central de la historia del arte español de posguerra. En los cambios sucesivos, el lugar del informalismo ha quedado algo más diluido, pero la mayor visibilidad de las prácticas artísticas alternativas ha puesto en duda la idea de retorno de la pintura.

La exposición *Los esquizos de Madrid,* celebrada en el Museo Reina Sofía en 2009, supuso una resurrección momentánea y, como hemos visto, tuvo mucho de autoconsumo interno y reafirmación nostálgica del grupo, dando la impresión de que habían surgido por generación espontánea (una tentación no poco frecuente en la historia del arte), algo que algunas de las escasas respuestas mediáticas hicieron suyo.

Así que, después de todo, es posible que el lugar de las artes en la transición democrática no sea una cuestión sencilla ni unívoca. Hay multitud de frentes, de ángulos, de puntos de vista y, para complicar el panorama, unas políticas artísticas más titubeantes que plurales. Buscar la identificación de crítica y pintura («sin que se note») fue, en ese contexto, una propuesta poderosa.

Sin causas, sin consecuencias, sin contexto, la pintura de los setenta quedó disecada, aislada, como un ejemplo perfecto de memoria saturada.

Bibliografía

Agredano, Rafael, «Titanlux y moralidad», *Titanlux y moralidad. El musical,* Sevilla, Metropolisiana, 2012 [1983].

Aguilera Cerni, Vicente, «A modo de prólogo. Notas sobre *Antes del arte»,* en José Garnería, *Antes del arte,* Valencia, IVAM, 1997a.

— «Antes del arte. Una hipótesis metodológica», en José Garnería, *Antes del arte,* Valencia, IVAM, 1997b.

Aguirre, Juan Antonio, «Pintura de Luis Gordillo. Labor de síntesis y postura ética», *Artes,* 80, 1966.

— «¿Antes del arte?», *Artes,* 95, diciembre de 1968.

— *Arte último. La «Nueva Generación» en la escena española,* Madrid, Julio Cerezo, 1969.

— «Grupo de personas en un atrio o alegoría del arte y de la vida o del presente y el futuro», en VV.AA.,

Guillermo Pérez Villalta. Pintura y dibujos realizados en los dos últimos años (cat. exp.), Madrid, Galería Vandrés, 1976.

— «1967-1977. Primera parte», *Bellas Artes,* 56, Madrid, 1977.

— «·Saura y la moda», *Arteguía,* 55, 1980a.

— «Grillo amarillo & tul azul», *Madrid DF,* Madrid, Museo Municipal, 1980b.

— «1980. Los orígenes», *La Luna de Madrid,* 14, 1985.

— «Referencias de los setenta», en Juan Manuel Bonet, *23 artistas. Madrid años 70,* Madrid, Comunidad de Madrid, 1991.

— «A modo de opúsculo en 2005», en *Comentarios a Arte último. La «Nueva Generación» en la escena española,* Cuenca, Fundación Antonio Pérez, 2005.

AIT MORENO, Isaac, «Modernización y política artística: el Centro Nacional de Exposiciones», *Anales de Historia del Arte,* 17, 2007.

ALASKA, «Declaraciones», *Total,* núm. 3, 1982.

ALBARRÁN, Juan (ed.), *Arte y transición,* Madrid, Brumaria, 2012.

— *Disputas sobre lo contemporáneo. Arte español entre el antifranquismo y la modernidad,* Madrid, Exit, 2019.

ALCOLEA, Carlos, *Aprender a nadar,* Madrid, Libros de la Ventura, 1980.

— «El agua y la pintura», *Lápiz,* 18, 1984, págs. 44-45.

— *Escritos,* ed. de Óscar Alonso Molina, Madrid. Fire Drill, 2023.

ÁLVAREZ JUNCO, José, *Dioses útiles. Naciones y nacionalismos,* Barcelona, Galaxia Gutenberg, 2016.

BABY, Sophie, *El mito de la transición pacífica. Violencia y política en España (1975-1982),* Madrid, Akal, 2018.

BARAÑANO, Kosme de, «De nuevo los ibéricos», en Delfín Rodríguez Ruiz, *Pintura española de vanguardia (1950-1990),* Madrid, Visor, Fundación Argentaria, 1998.

BARTHES, Roland, «La muerte del autor» [1968], en *El susurro del lenguaje. Más allá de la palabra y la escritura,* Barcelona, Paidós, 1987.

BATAILLE, Georges, «El ano solar» [1927], en *El ojo pineal. El ano solar. Sacrificios,* Valencia, Pre-Textos, 1996.

BAXANDALL, Michael, *Modelos de intención. Sobre la explicación histórica de los cuadros,* Madrid, Hermann Blume, 1989 [1985].

BENET, Juan, «La cultura de la transición» [1984], en *Páginas impares,* Madrid, Alfaguara, 1996.

BERMAN, Marshall, *Todo lo sólido se desvanece en el aire,* Madrid, Siglo XXI, 1988.

BONET, Juan Manuel, «Pérez Villalta en una posible generación», *El País,* 16 de mayo de 1976.

— «Balance del curso de la Magdalena sobre la vanguardia en la cultura», *El País,* 28 de julio de 1977.

— «Después de la batalla», en «Sábado Literario», suplemento cultural del diario *Pueblo,* 1979.

— «Cuestión de estilo», en VV.AA., *Madrid DF,* Museo Municipal de Madrid, 1980.

— «Retrato de grupo en un paisaje español», en *Otras figuraciones,* Madrid, Caixa de Pensions, 1981a.

— *Cuatro pintores de Madrid. Reflexiones para cerrar 1980,* Almagro, Galería Fúcares, 1981b.

— «Un cierto Madrid de los setenta», en *23 artistas. Madrid años 70,* Madrid, Comunidad de Madrid, 1991.

— «Los años pintados», en *Colección Miguel Marcos,* Gijón, Cajastur, 2001.

— «Relectura de "Arte último" y de aquella nueva generación», en Juan Antonio Aguirre *et al., Comentarios a Arte último, la nueva generación en la escena española,* Cuenca, Fundación Antonio Pérez, 2005.

— «Tal como éramos», en VV.AA., *ARCO, 25 años a través de la prensa,* Madrid, IFEMA, 2006.

— «Para un mapa de la galaxia Buades», en VV.AA., *Galería Buades. 30 años de arte contemporáneo,* Madrid, Sociedad Estatal de Conmemoraciones Culturales, y Valladolid, Museo Patio Herreriano de Arte Contemporáneo Español, 2008.

— «Un cierto Madrid. Mapa en forma de diccionario», en María Escribano, Iván López y Juan Pablo Wert, *Los esquizos de Madrid, Figuración madrileña de los 70,*

Madrid, Museo Nacional Centro de Arte Reina Sofía, 2009.

BONET, Juan Manuel; GONZÁLEZ GARCÍA, Ángel, y RIVAS, Quico, «1980. Brochure-manifiesto de la exposición», *1980,* Madrid, Galería Juana Mordó, 1979.

BONITO OLIVA, Achile, «Transvanguardia, Italia/América» [1982], en Anna Maria Guasch (ed.), *Los manifiestos del arte posmoderno. Textos de exposiciones, 1980-1985,* Madrid, Akal, 2000.

BORJA-VILLEL, Manuel (ed.), *De la revuelta a la posmodernidad (1962-1982),* Madrid, Museo Nacional Centro de Arte Reina Sofía, 2011.

BOZAL, Valeriano, *et al., España. Vanguardia artística y realidad social: 1936-1976,* Barcelona, Gustavo Gili, 1976.

BRIHUEGA, Jaime, «Más sobre arte y política», *La Balsa de la Medusa,* 30-31, 1994.

BROTO, José Manuel, «Espacio/color» [1975], en Javier Lacruz Navas, *El grupo de Trama,* vol. II, Zaragoza, Mira, 2003a.

— «Presentación (sin título) de *Contradicción principal, contradicción específica. La imitación de la pintura (descripción)* de Marcelin Pleynet» [1975], en Javier Lacruz Navas, *El grupo de Trama,* vol. II, Zaragoza, Mira, 2003b.

CABANNE, Pierre, *Conversaciones con Marcel Duchamp,* Cáceres, Centro de Artes Visuales, 2013 [1967].

CABAÑAS, Kaira M., «¿Hacia dónde va Artaud?», en *Espectros de Artaud,* Madrid, MNCARS, 2013.

CABAÑAS BRAVO, Miguel, «Del Hospital General al Centro de Arte Reina Sofía. Recorrido por los problemas de un edificio inacabado de la Ilustración», en *El arte en tiempos de Carlos III. IV Jornadas de arte,* Madrid, CSIC, 1989.

CADENAS CAÑÓN, Isabel, *Poética de la ausencia. Formas subversivas de la memoria en la cultura visual contemporánea,* Madrid, Cátedra, 2019.

CALVO SERRALLER, Francisco, «Fernando Zóbel. La razón de la belleza», en *Fernando Zóbel,* Madrid, Fundación Juan March, 1984a.

— «El desconcierto de la pintura», *El País,* 15 de julio, 1984b.

— «La purga de los setenta», *Lápiz,* 23, 1985.

— (ed.), *Libertad de exposición. Una historia del arte diferente,* Madrid, El País, 2000.

CALVO SERRALLER, Francisco, y GONZÁLEZ GARCÍA, Ángel, *Crónica de la pintura española de posguerra,* Madrid, Multitud, 1976.

CAMÓN AZNAR, José, «El *pop-art», ABC,* 6 de septiembre de 1964.

CARMONA, Pablo, «La pasión capturada. Del carnaval *underground* a "la movida madrileña"», en VV.AA., *Desacuerdos. Sobre arte, políticas y esfera pública en el*

Estado español, 5, Madrid, Museo Nacional Centro de Arte Reina Sofía, 2009.

CARPIO, Francisco, *Palabra de artista,* Segovia, Museo de Arte Contemporáneo Esteban Vicente, 2007.

CARRILLO, Jesús, «Recuerdos y desacuerdos. A propósito de las narraciones del arte español de los años 60 y 70», en Manuel Borja Villel (ed.), *De la revuelta a la posmodernidad,* Madrid, Museo Nacional Centro de Arte Reina Sofía, 2011.

CASANI, Borja, y TONO MARTÍNEZ, José, «Madrid 1984. ¿La posmodernidad?», *La Luna de Madrid,* 1, 1983.

CASTRO BORREGO, Fernando, «Lo viejo, lo nuevo y lo diferente. La pintura española de los años 80», en VV.AA., *Pintura española de vanguardia (1950-1990),* Madrid, Fundación Argentaria y Visor, 1998.

CASTRO FLÓREZ, Fernando, «La carne de la pintura [Consideraciones sobre el mesticismo de Carlos Franco]», en *Carlos Franco,* Madrid, SEACEX, 2004.

— «Nostalgias del complot», en María Martín Velázquez (coord.), *Galería Buades. 30 años de arte contemporáneo,* Madrid, Sociedad Estatal de Conmemoraciones Culturales, Museo Patio Herreriano de Arte Contemporáneo Español, 2008.

CHIPP, Herschel B., *Teorías del arte contemporáneo. Fuentes artísticas y opiniones críticas,* Madrid, Akal, 1995 [1968].

Cohen-Solal, Annie, *El galerista. Leo Castelli y su círculo,* Madrid, Turner, 2011 [2009].

Cole, Thomas, «Ensayo sobre el paisaje americano» [1836], en Edgar Allan Poe, *Relatos de vida y paisaje,* Madrid, Abada, 2018.

Combalía, Victoria, «Eduardo Arroyo en Barcelona», *El País,* 10 de marzo de 1977.

— (ed.), *El descrédito de las vanguardias artísticas,* Barcelona, Blume, 1980.

Corral, María, *Guerrero-De Kooning. La sabiduría del color,* Granada, Centro Guerrero, 2001.

Costa, Jordi, *Cómo acabar con la contracultura. Una historia subterránea de España,* Madrid, Taurus, 2018.

Deleuze, Gilles, y Guattari, Félix, *Rizoma. Introducción,* Valencia, Pre-Textos, 2005.

— *Mil mesetas. Capitalismo y esquizofrenia,* Valencia, Pre-Textos, 2006.

— *Nietzsche,* Buenos Aires, Cactus, 2019.

Derrida, Jacques, *La escritura y la diferencia,* Madrid, Anthropos, 1989 [1967].

— *La verdad en pintura,* Barcelona, Paidós, 2001 [1978].

Díaz-Cuyás, José (ed.), *Encuentros de Pamplona, 1972: fin de fiesta del arte experimental,* Madrid, Museo Nacional Centro de Arte Reina Sofía, 2009.

— «Entrevista a Ángel González García», *Desacuerdos,* 2014.

Díez, Xavier, «Cómo se construyó el relato oficial de la transición», en VV.AA., *La transición en Cuadernos de Ruedo Ibérico,* Barcelona, Backlist, 2011.

Duchamp, Marcel, «El acto creativo» [1957], en *Escritos,* ed. de José Jiménez, Barcelona, Galaxia Gutenberg, 2012.

Eagleton, Terry, *Después de la teoría,* Barcelona, Debate, 2005.

Elola, Joseba, «François Jullien: agitar miedos identitarios funciona», suplemento «Ideas», *El País,* 23 de octubre de 2017.

Escribano, María, «Última entrevista con Javier Utray», *Arte y Parte,* 78, 2008.

Escribano, María; López, Iván, y Wert, Juan Pablo. *Los esquizos de Madrid. Figuración madrileña de los 70,* Madrid, Museo Nacional Centro de Arte Reina Sofía, 2009.

Espaliú, Pepe, y Paneque, Guillermo, «Entrevista con Chema Cobo», *Figura,* 4, 1985.

Fernández-Cid, Miguel, «Ver, opinar, disfrutar y compartir (la Galería Buades como escuela de calor)», en VV.AA., *Galería Buades. 30 años de arte contemporáneo,* Madrid, Sociedad Estatal de Conmemoraciones Culturales, y Valladolid, Museo Patio Herreriano de Arte Contemporáneo Español, 2008, páginas 76-77.

Fontán del Junco, Manuel, «Esa cosa proustiana en la pintura. Los espacios de Fernando Zóbel», en Felipe Pereda y Manuel Fontán del Junco, *Zóbel. El futuro del pasado,* Madrid, Museo Nacional del Prado, 2022.

Foucault, Michel, *¿Qué es un autor?,* Buenos Aires, Ediciones Literales, 2010.

Fouce, Héctor, *El futuro ya está aquí,* Madrid, Velecio, 2006.

Francastel, Pierre, *L'Humanisme roman,* París, Les Belles Lettres, 1942.

Franco, Carlos, «Retrato inacabado de Luis Gordillo ante un espejo», *Arte y Parte,* 7, 1997.

Frascina, Francis, «Realismo e ideología. Introducción a la semiótica y al cubismo», en Gil Perry *et al., Primitivismo, cubismo y abstracción. Los primeros años del siglo xx,* Madrid, Akal, 1998.

Friedlaender, Walter, *Estudios sobre Caravaggio,* Madrid, Alianza, 1982 [1955].

Fumaroli, Marc, *El estado cultural. Ensayo sobre una religión,* Barcelona, Acantilado, 2007 [1991].

Gallero, José Luis, *Solo se vive una vez. Esplendor y ruina de la movida madrileña,* Madrid, Ardora, 1991.

Giménez, Carmen, «Informe sobre política de exposiciones», en Isaac Ait Moreno, «Modernización y política artística: el Centro Nacional de Exposiciones entre 1983 y 1989», *Anales e Historia del Arte,* 17, 2007.

GÓMEZ DE LIAÑO, Ignacio, *Guillermo Pérez Villalta* (cat. exp.), Cádiz y Sevilla, Junta de Andalucía, 1995.

— «Entre la experimentación y la formalidad», en María Escribano, Iván López y Juan Pablo Wert, *Los esquizos de Madrid. Figuración madrileña de los 70,* Madrid, Museo Nacional Centro de Arte Reina Sofía, 2009.

— *Libro de los artistas,* Madrid, Ediciones Asimétricas, 2016.

GONZÁLEZ DE ALEDO CODINA, Jaime, *Luis Gordillo y la figuración madrileña de los 70,* tesis doctoral inédita, Madrid, Universidad Complutense de Madrid, 1986.

GONZÁLEZ GARCÍA, Ángel, «Así se pinta la historia (en Madrid)», en *Madrid DF,* Madrid, Museo Municipal, 1980.

— «Niagara Falls. Consideraciones precipitadas sobre cierto realismo», en *Otras figuraciones,* Madrid, Caixa de Pensions, 1981.

— «Vida y obra de Carlos Alcolea. Hacer equilibrios para caerse», en *Carlos Alcolea,* Madrid, MNCARS, 1998.

— «Cábala y demostración de Carlos Franco, pintor de paisajes», en *Pintar sin tener ni idea y otros ensayos sobre arte,* Madrid, Lampreave y Millán, 2007.

— «La famosa abstracción y sus precoces enemigos», en María Escribano, Iván López y Juan Pablo Wert, *Los esquizos de Madrid. Figuración madrileña de los 70,*

Madrid, Museo Nacional Centro de Arte Reina Sofía, 2009a.

— «Así se pinta la historia (en Madrid)», en María Escribano, Iván López y Juan Pablo Wert, *Los esquizos de Madrid. Figuración madrileña de los 70,* Madrid, Museo Nacional Centro de Arte Reina Sofía, 2009b.

GONZÁLEZ GARCÍA, Ángel, y CALVO SERRALLER, Francisco, «Surrealismo en España», en Miguel Valle-Inclán y María Ángeles Dueñas, *Galería Multitud. Exposición documental. Antología de textos,* Madrid, Museo Nacional Centro de Arte Reina Sofía, 1995 [1975].

GORDILLO, Luis, «Una hermosa época para pintar un cuadro», en Manuel Borja-Villel, *Luis Gordillo. Superyó congelado,* Barcelona, MACBA, 1999a [1983].

— «Crisis en el 69», en Manuel Borja-Villel, *Luis Gordillo. Superyó congelado,* Barcelona, MACBA, 1999b [1972].

— «Sobre payseyes», en Manuel Borja-Villel, *Luis Gordillo. Superyó congelado,* Barcelona, MACBA, 1999c.

GRAHAN-DIXON, Andrew, *Caravaggio. Una vida sagrada y profana,* Madrid, Taurus, 2011.

GREENBERG, Clement, «Vanguardia y kitsch» [1939], en *La pintura moderna y otros ensayos,* ed. de Félix Fanés, Madrid, Siruela, 2006.

GROYS, Borys, «Clement Greenberg, un ingeniero del arte», en *Arte en flujo. Ensayos sobre la evanescencia del presente,* Buenos Aires, Caja Negra, 2016.

GUASCH, Anna Maria (ed.), *Los manifiestos del arte posmoderno. Textos de exposiciones, 1980-1985,* Madrid, Akal, 2000.

GUILBAUT, Serge, «La génesis de Guerrero: redefiniendo y depurando la energía en Nueva York (1950-1965)», en Yolanda Romero, *José Guerrero. Catálogo razonado,* Granada, Telefónica y Centro Guerrero, 2007.

GUTIÉRREZ PERICÁS, Antonio, «José Ortega. La irrupción en el realismo perdido», *Artes,* 15, 1962.

GUZNER, Susana, «La transvanguardia es Bonito», *Lápiz,* 4, 1983.

HERNANDO BRAVO, Alberto, y BRAVO, Hernando, *Ruedo Ibérico y José Martínez. La imposibilidad feroz de lo posible,* Madrid, Pepitas de Calabaza, 2017.

HUICI, Fernando, «Memoria de la pintura», conferencia pronunciada en la UIMP, 1982.

— «Expresionismo y romanticismo. Se expone en Madrid una muestra del nuevo expresionismo alemán occidental», *El País,* 11 de junio de 1984.

— «Memoria de los encuentros», *Los Encuentros de Pamplona 25 años después,* Madrid, Museo Nacional Centro de Arte Reina Sofía, 1997.

— «El viaje a Oriente o el enamorado de la pintura», en Juan Manuel Bonet, *Juan Antonio Aguirre,* Valencia, IVAM, 1999.

— «Crónica del Equipo Crónica» [1989], en Francisco Calvo Serraller (ed.), *Libertad de exposición. Una historia del arte diferente,* Madrid, El País, 2000.

Huici, Fernando, y Pérez Villalta, Guillermo, «Bailando sobre el suelo de gresite», *Arquitectura,* 224, mayo-junio de 1980.

Huyssen, Andreas, *Después de la gran división. Modernismo, cultura de masas, posmodernismo,* Buenos Aires, Adriana Hidalgo, 2006.

Iglesia, Juan Carlos de la, *Ángeles de neón. Fin de siglo en Madrid (1981-2001),* Madrid, Espasa Calpe, 2003.

Jankelevitch, Wladimir, *La ironía,* Madrid, Taurus, 1982 [1964].

Jarque, Fietta, «El galerista Leo Castelli considera que hay un "renacimiento" del arte español», *El País,* 9 de febrero de 1985.

Jiménez Losantos, Federico, «Deleuze y Guattari después del Antiedipo», *El Viejo Topo,* 3, 1976a.

— «La nueva literatura y la nueva pintura», *Comunicación XXI,* 25, 1976b.

— «A la deriva (para reparar en la obra de Jean-François Lyotard)», en Jean-François Loytard, *Discurso, figura,* Barcelona, Gustavo Gili, 1979.

Joachimides, Christos, «Un nuevo espíritu en la pintura» [1981], en Anna Maria Guasch (ed.), *Los mani-*

fiestos del arte posmoderno. Textos de exposiciones, 1980-1985, Madrid, Akal, 2000.

Juliá, Manuel, *Transiciones. Historia de una política española,* Barcelona, Galaxia Gutenberg, 2017.

Jullien, François, *La identidad cultural no existe,* Madrid, Taurus, 2017.

Kahnweiler, Daniel-Henry, *Mis galerías y mis pintores,* Madrid, Ardora, 2011 [1960].

Knight, Gregory G., *Época nueva. Painting and sculpture from Spain,* Chicago, Office of Fine Arts, 1988.

Labrador Méndez, Germán, *Culpables por la literatura. Imaginación política y contracultura en la transición española (1968-1986),* Madrid, Akal, 2017.

Lacruz Navas, Javier, «Conversación con Javier Rubio», en *El grupo de Trama,* vol. 1, Zaragoza, Mira, 2002-2003.

León, Carlos, «Presentación [sin título]» [1976], en Javier Lacruz Navas, *El grupo de Trama,* vol. II, Zaragoza, Mira, 2002-2003, pág. 284.

Lippard, Lucy R., *Seis años. La desmaterialización del objeto artístico,* Madrid, Akal, 2004.

Llorens, Tomás, *Equipo Crónica,* Barcelona, Gustavo Gili, 1972.

López Cuenca, Alberto, «El traje nuevo del emperador (la mercantilización del arte en España en los años 80)», *Revista de Occidente,* 273, 2004.

LÓPEZ MUNERA, Iván, «Yo vivía allí. Entrevista a Mercedes Buades», en VV.AA., *Galería Buades. 30 años de arte contemporáneo,* Madrid, Sociedad Estatal de Conmemoraciones Culturales, y Valladolid, Museo Patio Herreriano de Arte Contemporáneo Español, 2008.

LORENTE, Jesús Pedro, *Juan Antonio Aguirre. Lienzo y papel,* Zaragoza, Ibercaja, 2005.

MALLARMÉ, Stéphane, «Los impresionistas y Édouard Manet», en Guillermo Solana (ed.), *El impresionismo. La visión original. Antología de la crítica de arte (1867-1895),* Madrid, Siruela, 1997 [1876], págs. 95-109.

MARCHÁN FIZ, Simón, «Los años setenta entre los nuevos medios y la recuperación pictórica», en Valeriano Bozal y Tomás Llorens, *España. Vanguardia artística y realidad social,* Barcelona, Gustavo Gili, 1976.

— «La utopía estética en Marx y las vanguardias históricas», en Victoria Combalía (ed.), *El descrédito de las vanguardias artísticas,* Barcelona, Blume, 1980.

— «*Le bateau ivre:* para una genealogía de la sensibilidad posmoderna», *Revista de Occidente,* 42, 1984.

— *Del arte objetual al arte de concepto,* Madrid, Akal, 1985.

MARTÍNEZ, Guillem, *et al., CT o la Cultura de la Transición. Crítica a 35 años de cultura española,* Barcelona, Debolsillo, 2012a.

— «CT o 35 años de cultura española. Descripción, estupor, temblores y un ejemplo barcelonés de cómo fue desactivada la cultura de la Transición», en Juan Albarrán (ed.), *Arte y transición,* Madrid, Brumaria, 2012b.

MARZO, Jorge Luis, «El ¿triunfo? de la ¿nueva? pintura española de los 80», en VV.AA., *Toma de partido. Desplazamientos,* Barcelona, Libros de la Quam, 1995.

MARZO, Jorge Luis, y MAYAYO, Patricia, *Arte en España (1939-2015). Ideas, prácticas, políticas,* Madrid, Cátedra, 2015.

MATUTE, Fran G., *A Quico Rivas. Por una revolución de la vida cotidiana,* Sevilla, Athenaica, 2024.

MÉJEAN, J. M., *Pedro Almodóvar,* Barcelona, Robincook, 2007.

MERLEAU-PONTY, Maurice, *La duda de Cézanne,* Madrid, Casimiro, 2012 [1945].

MONTES, Javier, «El aire de Buades», en VV.AA., *Galería Buades. 30 años de arte contemporáneo,* Madrid, Sociedad Estatal de Conmemoraciones Culturales, y Valladolid, Museo Patio Herreriano de Arte Contemporáneo Español, 2008.

MORÁN, Gregorio, *El precio de la transición,* Madrid, Akal, 2015.

NAVARRO, Mariano, «Imagen pública / imágenes privadas», *Ozono,* 20, 1977.

— *Imágenes de la abstracción. Pintura y escultura españolas. 1969-1989* (cat. exp.), Madrid, Cajamadrid, 1999.

— *Los setenta, una década multicolor,* Santander, Fundación Marcelino Botín, 2001.

NÚÑEZ FLORENCIO, Rafael, *El peso del pesimismo del 98 al desencanto,* Madrid, Marcial Pons, 2010.

OLIVARES, Javier, «Guillermo Pérez Villalta. A pesar de la moda», *Lápiz,* 13, 1984a.

— «Madrid, Madrid, Madrid (1974-84). Así es si así os parece», *Lápiz,* 18, 1984b.

PALOMARES, José Luis, «Estudio preliminar», en T. S. Eliot, *El bosque sagrado,* San Lorenzo del Escorial, Langre, 2004.

PANERO, Leopoldo María, «Pancho Ortuño», en VV.AA., *Madrid DF,* Madrid, Museo Municipal, 1980.

PARDO, José Luis, *Esto no es música. Introducción al malestar en la cultura de masas,* Barcelona, Galaxia Gutenberg, 2007.

PARRA MONTERO, Francisco, *El sol de Miró. Imagen de España como destino turístico,* tesis doctoral inédita, Madrid, Universidad Complutense de Madrid, 2018.

PÉREZ VILLALTA, Guillermo, *Guillermo Pérez Villalta,* Madrid, Vandrés, 1976.

— «¿Qué pinta Juan Antonio Aguirre?», en Fernando Huici, *Juan Antonio Aguirre,* Valencia, IVAM, 1999.

214

Pierre, José, «El recorrido estético de André Breton. Una búsqueda permanente de la revelación», en Dominique Bozo, *André Breton y el surrealismo* (cat. exp.), Madrid, MNCARS, 1991.

Pleynet, Marcelin, *La enseñanza de la pintura. Ensayos,* Barcelona, Gustavo Gili, 1978.

Portabella, Pere, «Un espacio de referencia para debatir sobre el sentido de la contemporaneidad instalada en los museos contemporáneos», en VV.AA., *Gelatina dura. Historias escamoteadas de los 80,* Barcelona, MACBA, 2017.

Power, Kevin, «De la abstracción de los sesenta a la de los setenta y ochenta», en Mariano Navarro, *Imágenes de la abstracción. Pintura y escultura españolas. 1969-1989,* Madrid, Fundación Caja Madrid, 1999.

— «Cota cero (+ 0,00) sobre el nivel del mar», en Anna Maria Guasch (ed.), *Los manifiestos del arte posmoderno. Textos de exposiciones, 1980-1985,* Madrid, Akal, 2000.

— «Tras la euforia: los 90», en Martí Perán *et al., Impasse 5. La década equívoca: el trasfondo del arte contemporáneo español en los 90,* Lleida, Centre d'Art la Panera, 2005.

Proust, Marcel, *Días de lectura,* Madrid, Taurus, 2012.

Quaggio, Giulia, *La cultura en transición. Reconciliación y política cultural en España, 1976-1986,* Madrid, Alianza, 2014.

Ramírez, Juan Antonio, *Medios de masas e historia del arte,* Madrid, Cátedra, 1976.

— «Etapas, escenarios y contextos. José Guerrero por estratos», en Yolanda Romero, *José Guerrero. Catálogo razonado,* Granada, Telefónica y Centro Guerrero, 2007.

Ribas, José, *Los setenta a destajo. Ajoblanco y libertad,* Barcelona, RBA, 2008.

— *Underground y contracultura en la Cataluña de los años 70,* Barcelona, Generalitat de Catalunya, 2021.

Risques, Manel, *et al., En transición,* Barcelona, CCCB, 2007.

Rivas, Francisco, «Pérez Villalta, ¿unas nuevas "Señoritas de Avignon"?», *Batik,* 25, 1976.

— «Carlos Alcolea», *Diario 16,* 30 de enero de 1980.

— «Solo tengo ojos para ti (confesiones de un fan ilustrado)» [1979], en *Cómo escribir de pintura sin que se note,* Madrid, Árdora, 2011a.

— «Virutas para Carlos Alcolea» [2002], en *Cómo escribir de pintura sin que se note,* Madrid, Árdora, 2011b.

Rowell, Margit, *New Images from Spain,* Nueva York, The Solomon R. Guggenheim Museum Foundation, 1980.

Rubert de Ventós, Xavier, *El arte ensimismado,* Barcelona, Ariel, 1963.

— «Abstracción y pop art», *Revista de Occidente,* 22, enero de 1965.

Rubio, Javier, «Prólogo a la edición castellana», en Marcelin Pleynet, *La enseñanza de la pintura,* Barcelona, Gustavo Gili, 1978.

— «Arte, cambio, comunicación, actualidad, etc.», en Javier Lacruz Navas, *El grupo de Trama,* vol. II, Zaragoza, Mira, 2002-2003, pág. 309.

Ruiz, Juan Carlos, *La movida modernosa. Crónica de una imbecilidad política,* Madrid, La Felguera, 2016.

Ruiz Gómez, Darío, «López García (Sala Biosca)», *Acento Cultural,* 14, 1961.

Sánchez Ferlosio, Rafael, «La cultura, ese invento del gobierno», *El País,* 22 de noviembre de 1984.

Sánchez Soler, Mariano, *La transición sangrienta. Una historia violenta del proceso democrático en España (1975-1983),* Barcelona, Península, 2010.

Squibb, Stephen, «Introducción: Sobre el modo artístico de producción», en Martha Rosler, *Clase cultural. Arte y gentrificación,* Madrid, Caja Negra, 2017.

Tàpies, Antoni, *Memoria personal,* Barcelona, Seix Barral, 1977.

— «La revitalización de la pintura» [1975], en *La realidad como arte. Por un arte moderno y progresista,* Murcia, Galería Yerba, 1989.

— «Arte conceptual aquí», *La Vanguardia Española,* 14 de marzo de 1973 [reimp.: Antoni Mercader *et al., Grupo de Treball,* Barcelona, MACBA, 1999].

— «Situación de la pintura catalana reciente» [1976], en Javier Lacruz Navas, *El grupo de Trama,* vol. II, Zaragoza, Mira, 2002-2003.

TENA, Gonzalo, «Explicitación de un proceso» [1975], en Javier Lacruz Navas, *El grupo de Trama,* Zaragoza, Mira, 2002-2003, pág. 281.

TRÍAS, Eugenio (ed.), *En favor de Nietzsche,* Madrid, Taurus, 1972.

UTRAY, Javier, «Los pintores de la tercera generación en Cádiz», *Gaceta del Arte,* Madrid, núm. 28, 30 de julio de 1974.

VALLE-INCLÁN, Miguel, y DUEÑAS, María Ángeles, *Galería Multitud, exposición documental. Antología de textos,* Madrid, Museo Nacional Centro de Arte Reina Sofía, 1995.

VERDÚ SCHUMAN, Daniel, *Crítica y pintura en los años ochenta,* Madrid, Universidad Carlos III, Boletín Oficial del Estado, 2007.

— «De desencantos y entusiasmos. Reposicionamientos estéticos e ideológicos de la crítica de arte durante la Transición», en Juan Albarrán (ed.), *Arte y transición,* Madrid, Brumaria, 2012, pág. 124.

— «La sala Amadís, 1961-1975: arte y/o franquismo», *Espacio, Tiempo y Forma,* 3 (nueva época), 2015.

VERICAT, José, «El arte contra el arte. La fotografía y el conceptualismo figurativista en Rafael Pérez Mínguez», en *Los esquizos de Madrid. Figuración madrileña de los 70,* Madrid, MNCARS, 2009.

Villalba, María de los Ángeles, «Enseñar a "ver". Aprender a "ver"», en VV.AA., *La ciudad abstracta. 1966: el nacimiento del Museo de Arte Abstracto Español.* Madrid, Fundación Juan March, 2006.

Vinci, Leonardo da, *Tratado de la pintura* (facsímil de la ed. de Diego Antonio Rejón de Silva, Madrid, Imprenta Real, 1784), Murcia, Colegio Oficial de Aparejadores y Arquitectos Técnicos, Galería Yerba, 1985.

Vindel, Jaime, *La familia Lavapiés. Arte, cultura e izquierda radical en la transición española,* Santander, La Bahía, 2019.

VV.AA., *La pintura informalista española a través de sus críticos,* Madrid, Dirección General de Relaciones Culturales, 1961.

VV.AA., *Madrid DF,* Madrid, Museo Municipal, 1980.

Zóbel, Fernando, *Diarios* (Madrid, 9 de octubre de 1964), citado en María de los Ángeles Villalba, «Enseñar a "ver". Aprender a "ver"», en VV.AA., *La ciudad abstracta. 1966: el nacimiento del Museo de Arte Abstracto Español,* Madrid, Fundación Juan March, 2006.

Índice